ASCHENDORFFS SAMMLUNG
LATEINISCHER UND GRIECHISCHER
KLASSIKER

CICERO
REDEN GEGEN CATILINA

Vollständige Ausgabe
Eingeleitet und kommentiert von

HEINRICH HEUSCH

Kommentar

VERLAG ASCHENDORFF
MÜNSTER

30./31. Auflage
(unverändert gegenüber der 28./29. Auflage 1989)

Gesamtherstellung: Druckhaus Aschendorff, Münster, 1994

ISBN 3-402-02032-7

Vorwort

Die vier catilinarischen Reden wurden erst im Jahre 60 ediert, zu einem Zeitpunkt, als sie keine eigentliche politische Aktualität mehr besaßen. Sie dienten nunmehr zur Rechtfertigung des ehemaligen Konsuls, der wegen seines energischen Vorgehens gegen römische Bürger während seiner Amtszeit immer stärker angefeindet wurde. Die vornehmliche Absicht des Autors aber war es (s. Einleitung z. Text S. 7), diese Reden als Kunstwerke und Beispiele großer Beredsamkeit der lernbegierigen Jugend Roms zugänglich zu machen. Hier sollte die zu öffentlicher Tätigkeit und politischem Einfluß drängende jüngere Generation die unwiderstehliche Gewalt und faszinierende Schönheit des Wortes bewundern, hier den psychologischen Spürsinn, das rhetorische Raffinement, das psychagogische Geschick, das die Gefühle, Stimmungen, Meinungen der Hörer unmerklich und nachhaltig zu bilden und zu lenken vermag, kennenlernen.

Der Kommentar wird also bei der Darlegung der Gedankenführung sein Augenmerk vornehmlich darauf richten, welche verfügbaren Stilmittel (s. die Übersicht über die Figuren S. 128ff.) der Redner anwendet, und hervorheben, welche stilistisch-psychologische Funktion ihnen im jeweiligen Kontext zukommt. Die historischen Fakten und die Realien werden insoweit berücksichtigt, wie es für das Verständnis des Textes erforderlich ist.

Besonderer Dank gilt Herrn Prof. Dr. Dr. H. Herter für manchen wertvollen Hinweis und die Durchsicht der Arbeit. Dank gebührt auch der Abiturientia 1963 des Beethovengymnasiums zu Bonn, in deren Unterricht die Grundlage dieses Kommentars vor mehreren Jahren zuerst erarbeitet wurde, vor allem dem jetzigen cand. rer. nat. H. A. Hamm.

Düsseldorf, 1965 H. Heusch

1

In der Nacht vom 5. zum 6. November hatte im Hause des Senators M. Porcius Laeca eine wichtige Beratung der Verschwörer stattgefunden. Catilina hatte erklärt, daß er die Stadt verlassen werde, um das Kommando über die Aufständischen in Etrurien, die unter Manlius' Befehl standen, zu übernehmen. Vor seinem Weggang aber müsse noch der Konsul beseitigt werden. Von all dem hatte Cicero durch Fulvia, die Geliebte eines Mitgliedes der Verschwörung, genaue Kenntnis erhalten. Gleich nach der nächtlichen Beratung hatte er am 6. November die führenden Männer des Senats von allem unterrichtet. Als am Morgen des 7. 11. (zur umstrittenen Datierung zuletzt und anders K. Vretska, Das Datum der ersten Catilinaria, Ciceroniana 1, 1959, 185—196) der Anschlag gegen ihn ausgeführt werden sollte, gelang es natürlich leicht, diesen abzuwehren. Unmittelbar danach berief Cicero noch für denselben Abend eine Sitzung des Senats in den Tempel des Juppiter Stator am Fuß des Palatin ein. Zur allgemeinen Überraschung, ja Bestürzung erschien Catilina plötzlich in der Sitzung, um jeden möglichen Verdacht einer Verbindung zwischen sich und Manlius zu beseitigen. Dies ist die Situation, welche die erste Rede voraussetzt, die uns in ihrer sicherlich stark stilisierten Fassung aus dem Jahre 60 vorliegt.

1. **Quo usque tandem . . .**: bes. durch Cicero berühmt gewordene, aber wohl althergebrachte Einleitungsphrase (s. E. Skard, Sallust u. seine Vorgänger, Symb. Osl. Suppl. 15, 1956, 24), die Ungeduld und Empörung über C.s Erscheinen ausdrückt; die Erregung des Redners erstreckt sich über den ganzen Paragraphen (ausführlich interpretiert von N. Wilsing, Die Praxis d. Lateinunterrichts II, Stuttg. 1957, 79 ff.), der nur rhetorische Fragen enthält. — **Catilina**: die Anrede ist auch zur Orientierung des Lesers notwendig. — **patientia nostra**: *p.*, meist eine Tugend (s. zu 4, 1 *ferre*), kann sich bei Mißbrauch auch ins Gegenteil wandeln. Dies soll dem Senat, mit dem sich Cic. identifiziert (*nostra*), bedeutet werden. Die hier anklingende pejorative Tendenz tritt immer klarer hervor; s. § 3 *perferemus*, *desumus*, § 4 *patimur*, *dissolutum etc.* — **furor** — **audacia**: Raserei und Verwegenheit sind die C. kennzeichnenden schlechten

(physischen und psychischen) Eigenschaften. — **iste**: verächtlich, wie häufig. — **nocturnum**: s. zu 4, 18 *facibus*. — **praesidium Palatii**: der Palatin, an dessen Abhang zum Forum hin der Tempel des Juppiter Stator lag, war als militärisch wichtiger Punkt angesichts der ungeheuren Gefahr (von stehenden Posten = *praesidium*) besetzt. — **urbis vigiliae**: diese *Streifen* hatten andere wichtige Stadtteile zu kontrollieren. — **timor populi**: das Volk war zunächst den Plänen Catilinas gewogen gewesen; aber einen Umschwung brachte die Nachricht von dessen Absicht, die Stadt durch Brände zu zerstören; vgl. bes. 4, 17. — **concursus bon. omn.**: besonders die bewaffneten Ritter, die den Tempel umstanden (*hic munit. — locus*). Sie waren als das besitzende Bürgertum die erklärten Gegner der Umsturzpläne. — **habendi senatus locus**: *Ort zur Abhaltung der Senatssitzung*. — **proxima**: geht auf die Vorbereitung des Anschlags gegen Cicero. — **superiore**: geht auf die Konferenz im Hause des Laeca.

2. **O tempora, o mores**: nach den vielen rhetorischen Fragen der spannungslösendeAusruf (acc. exclamativus): *tempora* (sc. *mala*), *mores* (sc. *pessimos*). Der Ausruf ist sprichwörtlich geworden. — **senatus ... consul**: wachsender, sich immer heftiger steigernder Vorwurf gegen den Senat allgemein und gegen sich selbst (seinen Mitkonsul übergeht er hier) wegen mangelnder Tatkraft. — **videt**: variiert anschaulich *intellegit*. — **hic**: mit lebhafter Gebärde. — **vivit. vivit?** die fragende Wiederholung (Anadiplosis) stellt eine lebhafte Form der Selbstberichtigung (sog. Correctio) dar. — **publici consilii**: variiert das vorhergehende *senatum*. — **oculis**: vielleicht wollte C. die Reaktion der Senatoren auf Ciceros Attacke feststellen. Cicero deutet es natürlich in seinem Sinne. — **unum quemque nostrum**: er verallgemeinert das ihm zugedachte Los, um die Gefühle aller gegen C. aufzubringen. — **nos autem ...**: wieder zurück zu den Selbstvorwürfen; mit bitterer Ironie *fortes viri* u. *videmur*. — **furorem ac tela**: an das Abstraktum schließt sich erklärend das Konkretum im Plural an. — **iussu consulis**: die Befugnis des Konsuls zur Beseitigung C.'s leitet Cic. aus dem sen. consult. ult. vom 22. 10. ab, das nach der Übergabe anonymer Briefe (s. zu 1, 7 *caedem*), die Morddrohungen gegen

manche Senatoren (s. u. *in nos omnes*) enthielten, gefaßt worden war. — **ad mortem ducere:** t. t. für die legale Hinrichtung im Gegensatz zu C.'s verbrecherischen Anschlägen: *furor ac tela.*

3. **An vero — perferemus?:** Die Gegenüberstellung hat die Form des sog. Enthymems (des Argumentum a minore ad maius: *Wenn schon der —, wieviel mehr wir* ...), wobei auch die Einzelteile genau aufeinander bezogen sind: *vir ampl. — pont. max. — privatus ~ nos consules; mediocr. labefact. ~ caede — vastare cup.; stat. rei publ. ~ orbem terrae.* — **an vero:** *„oder aber"*; zu ergänzen ist das erste Glied der Doppelfrage: (*hat er das nicht getan*) *oder aber* (*hat er das getan*) = *hat er etwa nicht?* in erregter rhetorischer Frage. — **privatus:** Der Pontifex max. ist kein Magistrat im eigentlichen Sinne. — **mediocriter lab.:** im Jahre 133, dem Beginn des revolutionären Jahrhunderts. Bei der Gegenüberstellung mit C. schneiden die Gracchen in Ciceros Urteil viel günstiger ab als in anderen Zusammenhängen; vgl. zu 4,4 *non ... non ... non.* — **orbem terrae:** eine rhetorische Übertreibung; vgl. zu 1,9 *de orb. terr. exitio* u. zu 4,6 *manavit* ...) — **caede atque incendiis:** diese Polarität, der Inbegriff für Catilinas verworfene Pläne, zieht sich als festes Motiv durch alle vier Reden. — **Nam — praetereo:** Der mit *nam* eingeleitete Typus d. Praeteritio neigt zur Brachylogie (s. Stolz-Schmalz, Lat. Gramm., Mchn. [4]1910, 503f.); hier hebt sie epexegetisch (*quodque* ...) hervor, was sie zu übergehen vorgibt: 439a. hatte Serv. Ahala den Sp. Maelius getötet, der die Macht an sich zu reißen suchte. — **fuit, fuit:** die Voranstellung des Verbs und erst recht die sog. Geminatio drücken die Erregung darüber aus, daß solche virtus sich heute nicht mehr findet. — **acrioribus suppliciis** ...: der Vergleich umschreibt anschaulich die Todesstrafe; die Konfrontierung *civis — hostis* ist ein gewichtiges Motiv der Reden. — **acerbissimum hostem:** der also u. U. sein Leben behalten konnte. — **habemus ... in te:** „wir Konsuln sind ermächtigt". — **in te, Cat.:** das *senatus consultum* war natürlich allgemein gehalten. Cicero interpretiert es zugespitzt auf den einzelnen Fall. — **consilium atque auctoritas:** *der verbindliche Ratschlag, die Bevollmächtigung.* Die hervorstechende Eigenschaft des Senats ist seine *auctoritas*, mit der er seine *consilia* erteilt; eigentlich

gesetzgeberische Funktion besitzt er nicht. — **huius ordinis:** des *ordo senatorius.* — **nos — desumus:** der Plural steht, weil das *sen. cons.* ja an beide gerichtet ist. Trotzdem denkt er dabei so gut wie ausschließlich an sich (vgl. zu 1,4 *cupio*), da sein Kollege, Antonius Hybrida, günstigstenfalls mit den Verschwörern nicht sympathisierte.

4. **Decrevit quondam . . .:** weitere Beispiele aus der röm. Geschichte, der Gegenwart gegenübergestellt; s. zu 1,28 *mosne maiorum.* — **quondam:** für das erst 58 Jahre zurückliegende Konsulat des L. Opimius (121) eine Übertreibung, um den großen Verfall zu kennzeichnen. — **uti — caperet:** die Formel des *senatus consult. ultimum; uti* statt *ut* in der Kurialsprache geläufig. — **quasd. sed. susp.:** eine Verharmlosung, vgl. zu 1,3 *mediocriter lab.* — **clarissimo patre:** der zweimal Konsul und einmal Censor war und zweimal triumphiert hatte. Der abl. hat einen konzessiven Sinn: der Sohn versagte trotz des berühmten Vaters. *clariss.:* ~ Titel der principes, der Klasse der kurulischen Senatoren. — **avo:** P. Corn. Scipio African. maior. Der Name und die Vorfahren gewichtig am Satzende. — **occisus est — consularis:** zusammen mit C. Gracchus im Jahre 121. Als ehemaliger Konsul gehörte er zu der angesehensten Gruppe, den *principes,* unter den Senatoren. — **ac rei publ. poena:** epexegetisch zu *mors:* ~ *und* (*zwar*). — **remorata est:** *hat warten lassen.* — **vicesimum — diem:** seit dem 22. 10. — **hebescere aciem:** ein kühnes Bild von der Schneide eines Schwertes. — **inclusum in tabulis:** *tabulae = Protokoll, inclusum ~ wir machen keinen Gebrauch davon.* — **quo ex sen. cons.:** Die Wiederholung des Substantivs im Relativsatz dient der Deutlichkeit; sie wird im Lateinischen nirgends als störend oder fehlerhaft empfunden. — **cupio . . .:** geschickte Selbstanklage wegen seiner bisherigen Untätigkeit, um seinen Wunsch nach energischem Vorgehen (*non dissolutum*) im voraus zu rechtfertigen. — **me:** der A. c. I. statt des Inf., weil der Sprechende den Wunsch nicht selbst verwirklichen kann. — **patres conscripti:** die übliche Anrede der Senatoren, eine altererbte, asyndetische Ausdrucksweise, die die beiden Schichten, aus denen sich der Senat zusammensetzt, bezeichnet, die alten Aristokraten und die neueingeschriebenen Geschlechter plebeischer Herkunft.

5. **Castra . . .**: der Bericht, der seine Anklage begründet, mit emphat. Unterdrückung einer Kausalkonjunktion. — **in Italia contra popul. Rom.**: eine Ungeheuerlichkeit. — **in Etruriae faucibus**: Antonomasie für das am Rande des Apennin gelegene Faesulae. — **crescit** — **numerus**: soll den Eindruck großer Massen (*in dies singulos*) erwecken, um dem entschlußlosen Senat Schrecken einzujagen; vgl. dag. die Schilderung dieses Heeres, als vor der Volksversammlung der gegenteilige Eindruck hervorgerufen werden soll: 2,5, auch 2,24f. — **imperatorem ducemque hostium**: *ducem* ist eine Art Berichtigung, da *imperator* auch immer als offizieller Titel gelten kann; vgl. zu 2,28 *togato duce* . . . — **intra** — **senatu**: paradox zu *hostium*. — **atque adeo**: *und sogar*. — **credo**: ironisch, wie häufig. Der Satz ist durch diese Ironie und die Negationshäufung sehr vertrackt, der Sinn klar: „*credo erit verendum* ironisch = *non erit verendum; non erit verendum, ne non dicant* = *spes est eos dicturos*. Ohne Ironie lautete der Gedanke: sicherlich werden alle Patrioten dies eher für zu spät als jemand es für zu grausam erklären" (Ciceros Reden gegen Catilina erkl. v. K. Halm — G. Laubmann, Berlin, [14]1900, z. St.) — **certa de causa**: kündigt die folgende wichtige Darlegung an: tatsächlich hätten die Popularen niemals eine Anwendung des sen. cons. ohne den positiven Nachweis von C.'s Schuld geduldet. — **crudelius**: s. zu 4,11 *a crudel. vitup.*

6. **Quisquam**: Die Beschränkung des Gebrauchs von *quisquam* (u. *ullus*) auf negative Sätze gilt noch nicht im Altlatein; auch später hält es sich immer nach *si*, *dum*, *donec*, *quam etc.* und in Relativsätzen; es ist dann sehr betont. — **meis** — **praesid.**: es handelt sich also um Bewaffnete, die er aus seinen Gefolgsleuten aufstellen ließ, vgl. 1,7; zur Herkunft dieser Leute vgl. z. B. 3,5; Plut. Cic. 16,1: „Er selbst übernahm die Sicherung der Stadt. Die Leibwache, von der er sich Tag für Tag begleiten ließ, war so stark, daß ein großer Teil des Forums besetzt war, wenn er mit seinen Begleitern dort erschien." — **ne commovere** — **possis**: vgl. 1,1 *constrictam* — *teneri coniur.* — **multorum** — **non sentientem**: die unheimliche, lautlose Tätigkeit der Agenten (*multorum* mag eine Übertreibung sein) im Gegensatz zu der Demonstration der *praesidia*. — **sicut** — **fecerunt**: betont seine Umsicht und soll Catilinas Unsicherheitsgefühl

steigern (vgl. 1, 1 *patere tua consilia*). — **Etenim**: ironisch fragend, als ob Catilina gerade jegliche revolutionäre Absicht abgestritten hätte. — **quid est** — **quod**: gewichtig: *welche Beweise*. — **si . . .**: die erste deutliche Anspielung auf die Zusammenkunft bei Laeca, mit der er C. beweisen will, daß er alles weiß, und ihn entsprechend unsicher machen will. — **coetus**: zum pl. vgl. 1, 1 *quid proxima, quid superiore nocte*. — **nefarios**: da sie sich gegen die *patria* richten. — **erumpunt**: Ggs. zu *continere*; ein kräftiges Bild für die Unausweichlichkeit des Bekanntwerdens. — **Muta . . .**: ironisch wohlmeinend, besonders *mihi crede*; s. zu 1, 5 *credo*. — **licet recognoscas**: ironisch höflich; die Überleitung zum Bericht, der durch *meministine* u. ä. Apostrophierungen lebhafter wird.

7. **Ante diem XII Kal. Nov.**: am 21. 10. — **die, qui dies**: vgl. zu 1, 4 *quo ex sen. cons.* — **a. d. VI . . .**: *am 27. 10.*; noch vor Anfang November wurde diese Vorhersage bestätigt. — **satelles atque administer**: in der Verbindung (wie auch nicht selten jedes allein, z. B. *admin.* ~ *Helfershelfer*) eindeutig pejorativ. — **dies**: die Pointe betont bis an das Satzende hinausgeschoben. — **in senatu**: in derselben Sitzung. — **caedem . . .**: diese Voraussage beruhte auf den anonymen Briefen, die Cic. in der Nacht zuvor überbracht worden waren; s. zu 1, 2 *iussu consulis*. — **tum cum**: als er die Mitteilung machte, nicht etwa erst an dem angegebenen Termin. — **multi principes**: die persönlich adressierten Briefe hatten Warnungen für die angeblichen Opfer ausgesprochen; *principes* ist keine Rechtsstellung, kein Titel, sondern eine soziologische Einstufung: *die führenden Männer*; s. zu 1,4 *clarissimo patre*. Das vorhergehende *optimatium* ist verallgemeinert, wenn auch in der Tendenz richtig. — **non tam** — **quam**: eine höfliche Beschönigung ihrer Angst. — **tuorum cons. reprim.**: die Häufung gleicher Endungen, die gelegentlich als Kakophonie getadelt wird, ist bei Cic. öfters anzutreffen. — **illo ipso die**: *28. 10.* — **meis praesidiis . . .**: vgl. zu 1,6 — **mea diligentia**: um seine ganz persönliche Tätigkeit gegenüber *praesid.* zu betonen. — **nostra, qui remansissemus, caede**: der plur. modestiae statt *mea, qui remansissem*.

8. **Nocturno impetu**: deshalb *vigiliis* bes. erwähnt. — **meo iussu . . .**: betont die eigene Aktivität. — **confideres, sen-**

sistine: auch das ging also so harmlos ab, daß es nicht zu einem Kampf kam; sonst wäre das anders ausgedrückt. — **Nihil agis . . .**: die Folgerung aus dem bisher Dargelegten. — **Recognosce mecum . . .**: das wichtigste Argument als letztes ankündigend. — **mecum**: ironisch, als ob beide einmütig daran interessiert wären, bloßzulegen, was C. so geheimhalten wollte. — **noct. illam superiorem**: s. 1,1. — **vigilare**: für Cic. im Positiven wie für C. im Negativen bezeichnend; vgl. 2,9 *vigiliis perferendis*. — **Dico**: am Anfang des Satzes emphatisch: *ich sage es dir auf den Kopf zu.* — **priore nocte**: = *nocte superiore.* — **inter falcarios**: Straße der *Sichelmacher.* — **amentiae scelerisque**: ~ Hendiadyoin = ein Komplex von *Verblendung und Schuld.* — **num . . . quid**: sehr lebhaft und dramatisch die kurzen Fragen, als ob er wirklich ein Geständnis wollte. — **si negas**: gibt sich allerdings mit seinem Schweigen (s. 1,21 *cum tacent — clamant*) zufrieden. — **video enim**: begründet, wie infam und hoffnungslos jegliches Ableugnen wäre. — **hic in senatu**: mit großem Nachdruck, wie die anschließende Exclamatio beweist. — **quosdam**: Das Unheimliche liegt gerade in den Andeutungen, die Angst vor der Enthüllung soll sie einschüchtern.

9. **Ubinam gentium**: mit Emphase: *Wir leben ja wie unter Wilden.* — **in hoc — consilio**: In geläufiger Umschreibung heißen die Senatoren z. B. „die Fürsten des Erdkreises". — **qui — qui . . .**: eine Paraphrase für die Verschwörer, die auf das Widersinnige hinweist: *de nostro — interitu* bezogen auf *in nostro numero.* — **nostro omnium**: s. zu 1,2 *unum quemque nostrum.* — **huius urbis**: geht wieder auf den geplanten Brand. — **de orb. terr. exitio**: rhet. Übertreibung, wenngleich die Revolutionspläne keineswegs auf die Stadt beschränkt sind; s. u. *partes Italiae*, aber auch zu 4,6 *manavit . . .* — **cogitent**: konsekutiv. — **hos ego — consul**: nach dem Vorwurf gegen den Senat hier wieder (s. 1,3) die Anklage gegen sich selbst als den Hauptverantwortlichen. — **et de re publ. sententiam rogo**: zum *sent. rogare* gehört zuerst der Vortrag des Konsuls (aus dem heraus sich hier nach dem plötzlichen Erscheinen C.'s die improvisierte Rede entwickelte) und dann die Frage nach der Meinung der Senatoren. — **oportebat**: s. 1,2. — **fuisti igi-**

tur . . .: Nach dem leidenschaftlichen Ausbruch zurück zum Verhör C.'s, der wieder namentlich angeredet wird; *igitur* gefolgert aus der Tatsache, daß er es nicht abgestritten hat (*num negare audes*); sieben asyndetische Sätze mit den Verben betont an der Spitze enthüllen in eindringlicher Monotonie die einzelnen Maßnahmen seiner Verschwörung. — **quo quemque proficisci placeret**: sc. *tibi*, ~ *wohin jeder aufbrechen sollte.* — **paulum . . . morae, quod ego viverem**: die tarnende euphemistische Redeweise der Ganovensprache: bes. *viverem* = *non interfectus essem.* — **reperti sunt . . .**: *es fanden sich* gleich in der Versammlung. — **duo equit. Rom.**: Sall. Cat. 28,1 nennt den Ritter C. Cornelius und den Senator L. Vargunteius. — **ista cura**: der Euphemismus hier sarkastisch. — **et se . . .**: epexegetisch. — **illa ipsa nocte**: drückt die Eile und Hemmungslosigkeit aus. — **ante lucem**: zur Zeit der Salutatio (s. 1,10 *salutatum*), da sie sonst so leicht keinen Einlaß gefunden hätten und sie ja nicht so sehr mit Gewalt als mit List zu Werke gingen. — **in meo lecto**: in dem sich der Patron bei der Salutatio (s. 1,10) noch befand. — **pollicerentur**: Daß es wenigstens für diese Nacht nur bei dem Versprechen bleiben mußte, offensichtlich deshalb, weil die Vorbereitungszeit nun doch zu knapp war, muß man hier zwischen den Zeilen lesen bzw. der Chronologie der Angaben von 1,10 A. (besonders *quos — praedixeram*) entnehmen; vgl. aber K. Vretska a. a. O.; s. S. 5.

10. **Haec ego omnia . . .**: faßt zusammen und gibt gleich zu Beginn durch das enklitische Personalpronomen den Wechsel der Personen an. Diese unbetonten Pronomina begegnen in gesprochener Sprache sehr oft. — **vixdum etiam**: *kaum noch, erst; etiam* steigert, vgl. 1,1 *diu etiam;* in dieser Bedeutung ist Postposition neben Präposition geläufig. Zur Sache: der Zeitbegriff ist gewiß relativ, jedoch sucht Cic. zu übertreiben, um seine gut funktionierende Quelle herauszustreichen. Zuerst mußte seine Zwischenträgerin Fulvia noch informiert werden. — **domum meam . . .**: und im folgenden *exclusi eos;* die asyndetischen Sätze sollen den Eindruck erwecken, daß alles wie am Schnürchen lief. — **maioribus praesidiis . . .**: auch das wird eine gewisse Zeit beansprucht haben, obgleich er in

diesen Tagen nie ohne jedes *praesidium* war; s. zu 1,6 — **munivi atque firmavi**: die Synonyme haben Intensitätscharakter. — **mane**: s. 1,9 *ante lucem;* aber erst einen Tag später. — **salutatum**: supin. I = präpositionsloser acc. der Richtung, des Zieles, Zwecks nach Verben der Bewegung von einem defektiven Verbalsubstantiv nach der vierten Dekl. — **cum illi ipsi . . .**: begründet, warum er sie ohne jede Schwierigkeit (das liegt in dem schlichten *exclusi*) ausschließen konnte. — **multis ac summis viris**: das war also in derselben Nacht nur noch sehr schwer zu bewerkstelligen. — **perge, quo coepisti**: vgl. 1,9 *confirm. te — exiturum;* eigentlich hätte man massive Drohungen oder Maßnahmen erwartet; so überrascht diese Milde, die allerdings schon 1,5 *certa de causa* begründet worden war. Er mußte aber so behutsam zu Werke gehen, da die Verbannung juristisch und erst recht politisch als sehr problematisch gelten mußte; so taucht der Komplex *freiwillig oder gezwungen* und die *Schuld und Beschuldigung* (invidia) des Konsuls immer wieder auf, bes. ausführl. 2,12 ff. — **nimium diu — desiderant**: die einfühlende Begründung ist sehr ironisch. — **purga urbem**: s. das Bild von der *sentina* 1,12 u. 2,7; *purga* sc. von den anderen, aber auch von dir selbst, was bes. sarkastisch klingt. — **non feram — sinam**: konjunktionsloses, anaphorisches Trikolon, das als Begründung des Vorhergehenden seine Unerbittlichkeit nachdrücklich betont u. diesen Abschnitt schließt.

11. **Statori, antiquiss. cust.**: schon Romulus hatte mit seiner Hilfe die Flucht der Römer an der Stelle, wo dann später dieser Tempel errichtet wurde, zum Stillstand gebracht: s. zu 1,33 *isdem auspiciis* u. *constitut.* u. *Stator.* — **hanc — pestem**: meton. für C.; derartige und schlimmere Schimpfwörter zur Diffamierung des politischen Gegners sind bezeichnend für das Niveau des politischen Kampfes in der ausgehenden Republik; vgl. J. Vogt, Ciceros Glaube an Rom, Würzb. Stud. 6, Stuttg. 1935, 49f.; s. auch zu 2,4 *in praetexta* — **non — saepius**: *nicht noch öfter.* — **non — in uno h. — pericl.**: *Es darf nicht bei einer Person liegen, daß das Staatswohl durch sie gefährdet wird.* Ob mit *in uno homine* C. oder Cic. gemeint ist, ist nicht ganz klar; für Cic. spricht z. B. u. 1,11 *perniciem meam.* — **consuli des.**:

worauf das geht, ist nicht bekannt. — **privata diligentia:** ~ *priv. praesidiis;* vgl. 1,7. — **proximis comitiis cons.:** bei den letzten Comitien (Juli 63) für die Konsulwahlen (des Jahres 62). — **me consulem:** Gegensatz zu *cons. des.* im vorhergehenden Satz u. dem folgenden *competit. tuos* (D. Junius Silanus, L. Licinius Murena (die gewählt wurden) u. Servius Sulpicius). — **in campo:** sc. *Martio,* wo die Wahlen abgehalten wurden. — **voluisti:** *cum* temporale; *in dem Augenblick, als;* dies ist der einzige Anschlag, der deutlich faßbar ist, das übrige bleibt vage. — **nullo — concitato:** abl. modi ~ *ohne zu; tumultum concitare = Alarmbereitschaft anordnen.* — **quotienscumque:** die Verallgemeinerung klingt phrasenhaft, zumal er die zwei Fälle (vom Juli 63 und dem Tag dieser Rede) sehr anschaulich ausmalt. — **petisti:** vgl. 1,15 *petitiones;* aus der Fechtersprache übertragen: *angreifen, bedrohen.* — **per me:** (Gegensatz zu *publice*) *aus eigener Kraft.*

12. **Nunc ...:** *jetzt:* eigentlich nach seiner mißglückten Bewerbung um das Konsulat; genauer, seit Cic. solche Pläne bekannt sind, d. h. seit dem 21. 10., und bes. seit der letzten Konferenz bei Laeca. — **templa — Italiam totam:** eine formelhafte anschauliche Aufgliederung (sog. Distributio) der *res publica.* — **quare, quoniam id, quod ...:** statt einer klaren, energischen Folgerung, die man nach dem Vorhergehenden erwarten muß, eine in Inhalt und Form sehr gewundene Erklärung seines vorsichtigen politischen Taktierens. — **primum:** vom gesunden Menschenverstand aus. — **huius imperii:** das Konsulat mit der außerordentlichen Gewalt, die ihm durch das *sen. cons.* übertragen worden war. — **disc. maiorum:** s. 1,3f.; oft, wie auch hier, mit *severitas* verbunden: ~ *strenge Ordnung, Zucht, Staatsordnung, Geist der Verfassung.* — **nondum audeo:** vgl. u. a. 1,5. — **id, quod:** eine selbstgefällige, zweckoptimistische Lösung; *ad commun. salut. utilius* bedarf natürlich einer bes. Erklärung: *nam.* — **residebit — manus:** vgl. 1,30. — **iam dudum:** vgl. 1,10 *aliquando* und auch 1,1 *quo usque tandem.* — **exhaurietur ... sentina ...:** diese sehr boshafte drastische Ausdrucksweise führt das *purga urbem* 1,10 fort.

13. **Quid est, Catilina? ...:** sehr lebhaft, um die Rede dialogisch aufzulockern, ein Idiom der lebendigen Sprache. —

num . . .: höhnisch der paradoxe Gegensatz *me imperante* — *tua sponte;* — **faciebas**: impf. de conatu. — **iubet consul hostem**: statt *iubeo ego te*, um die Berechtigung der Aufforderung zu unterstreichen. — **in exsilium**: Verbannung eines Bürgers darf nicht ohne gerichtliches Urteil verhängt werden; daher der Rückzieher *non iubeo, sed* — *suadeo.* — **si me consulis**: dies und die anschließenden rhet. Fragen von beißender Ironie, doch so, daß die Argumente den Senat von der Verbrecherlaufbahn C.'s überzeugen sollen. — **nota**: *Kennzeichen*, das Tieren u. bes. Ausreißern unter den Sklaven eingebrannt (*inusta*) wird; hier metaphorisch (s. *vitae*): ~ *Schandmal.* — **priv. rerum — a toto corpore**: eine Klimax, bei der die Laster sich immer enger auf seine Person konzentrieren: *domest.* = was nicht nur mit ihm, sondern auch mit seiner Familie zu tun hat; *priv. rer.* = die Dinge, die ihn allein angehen; im Folgenden tritt die Klimax noch klarer hervor: *oculi* (*Aussehen*), *manibus* (*Handlungen*), *toto corpore* (*sein Leib insgesamt*). — **turpitudo**: oft die (subjektiv empfundene) *Unsittlichkeit* im engeren Sinne. — **dedecus**: ebenso *infamia: der* durch die öffentl. Meinung objektivierte *Ruf*, *die Schande;* die Laster haben auch vornehmlich den Akzent des Unsittlichen; nur *facinus* nicht so ausgeprägt wie *libido* u. *flagitium.* — **adulescentulo**: das Deminutiv geht verächtlich auf die mangelnde Charakterfestigkeit. Es dient i. a. nicht so sehr zur objektiven Bezeichnung der Kleinheit, sondern ist vornehmlich Ausdrucksmittel von Emotionen, wie Zärtlichkeit, Verachtung u. ä. — **irretisses**: metaphorisch von dem Jäger, der mit dem Netz (*rete, retis n.*) fängt; der Konj. hat konsekutiven Sinn. — **aut — aut**: zwei Bilder und Bereiche seiner Verführungskünste: *ferrum* (meton. für *gladius*) — *praetulisti* (als *armiger*); *facem* (*als lanternarius*) für nächtliche Liebesabenteuer.

14. **Nuper . . .**: Den kürzlich erfolgten Tod seiner Frau deutet Cic. unter Verwendung eines (wohl von Klytaimestras Tat hergeleiteten) Topos der Tragödie „*das Haus für die ruchlose Hochzeit geleert*" als Mord (s. E. Skard a. a. O. 57 ff.); zur Diffamierung vgl. zu 1, 11 *hanc* — *pestem.* — **alio incred. scelere**: Die dunkle Andeutung (s. u. *tanti facinoris immanitas*) wirkt eindrucksvoll und unheimlich. Von Sallust Cat. 15,2 wird die Ermordung seines eigenen Sohnes als Gerücht erwähnt; z. Topos

vgl. Fr. Münzer, Röm. Adelsparteien und Adelsfamilien, Stuttgart 1920, 387,1. — **cumulasti:** *auftürmen, krönen.* — **praetermitto:** vgl. zu 1,3 *praetereo.* — **vindicata esse:** das römische Recht kennt keinen Anklagezwang, keinen Staatsanwalt, so daß, wenn kein Privatmann Klage erhebt, auch kein Verbrechen staatlicherseits verfolgt wird. In diesem Fall ist es ein Zeichen der Schande für alle Bürger (*in hac civitate*), daß keine Klage erhoben wird. — **ruinae fortunarum:** wie häufig, so auch hier, durch die Niederlage bei der Wahl (für das Konsulat 62) ausgelöst; nach Sall. Cat. 5,7 war das ein wichtiger Anlaß zu seinen revolutionären Plänen. — **proximis Idibus:** Die Iden waren der Termin, an dem die Kredite gekündigt wurden. C. hatte also solche Darlehen auf seine Güter aufgenommen; nachdem seine politischen Pläne gescheitert sind, werden die Kredite natürlich zurückgefordert. — **summam rem publicam:** ~ *Bestand des ganzen Staates.*

15. **Potestne . . .:** die scharfe Ironie, die wohlwollend-herablassend an seine Einsicht und sein Gefühl (*iucundus*) appelliert (vgl. die Anrede) und auch das Pathos (*haec lux* u. *huius caeli spiritus*) nicht scheut. — **neminem — nesc.:** der Affekt der negativen Ausdrucksweise, die sehr oft in der lebendigen Sprache wie auch in der stilisierten Rhetorik begegnet. — **pridie Kal. Ian. . . .:** am letzten Tag des Jahres 66; mit der exakten Zeitangabe kündigt sich ein konkreter Vorfall an; vgl. 1,11 *cum proxim. comitiis.* — **in comitio:** *die Volksversammlung,* meton. *der Ort der Volksversammlung, das Forum;* dag. 1,11 *in campo.* — **stetisse — cum telo:** unter Mißachtung des Gesetzes, das verbot *esse cum telo hominis occidendi causa* (Cic. Mil. 11). — **consul. — interfic. causa:** der Putsch, an dem nicht nur C. führend beteiligt war, sollte u. a. die für 65 designierten Konsuln L. Manlius Torquatus u. L. Aurelius Cotta beseitigen, und C. sollte selbst Konsul werden. — **fortunam:** der Plan wurde vorzeitig bekannt und so vereitelt. — **omitto:** Praeteritio. — **petitiones:** vgl. 1,11 *petisti;* t. t. der Fechtersprache *Hieb, Stoß,* von dem Angriff der Gladiatoren; *p. conicere* ~ *führen.* — **corpore:** *mit dem Leibe,* d. h. durch eine ausweichende Wendung des Körpers im Gegensatz zum Abfangen mit dem Schild. —

conari ac velle: Synonyme: das erste ist das, was in Erscheinung tritt, das zweite das wichtigere, die dahinterstehende treibende Kraft.

16. **Ista sica:** meton. (concretum pro abstracto) für seine heimtückischen Anschläge. — **extorta est:** dank unserer Umsicht. — **excidit casu aliquo et elapsa est:** steigernd gegenüber dem Vorhergehenden: *Wo unsere Umsicht nicht ausreichte, rettete uns ein günstiges Geschick.* — **quae quidem quibus . . .:** sog. relat. Verschränkung: der indirekte Fragesatz *quibus . . .* ist relat. angeschlossen statt *quibus ea;* das Relativum *quae* wird durch das enklit. *quidem* hervorgehoben; *initiare weihen.* — **sacrum:** *Kult.* pl. *heilige Handlungen.* — **devovere:** im Gegensatz zu *vovere* an dunkle Mächte, wie durch *quibus sacris* schon angedeutet. — **necesse . . .:** Cic. interpretiert sein Verhalten so, als ob er unter dem Zwang eines Gelübdes stünde. Nach dem Erreichen des Zieles bringt man das Werkzeug, hier die Waffe, der entsprechenden Gottheit als Weihegeschenk dar. Die Sprache ist dem dunklen Inhalt entsprechend geschraubt. — **nunc vero . . .:** die Folgen seiner Taten für ihn selbst; ein verpfuschtes Leben. — **quae:** emphatisch; vgl. *ista.* — **sic:** wird antithetisch aufgegliedert *non — sed.* Die herablassende Ironie ist durch die seriösen Relativsätze gebrochen. — **nulla:** eine der Umgangssprache entlehnte Verstärkung von *non.* — **paulo ante:** also wohl sehr knapp vor Beginn der Sitzung, als die Senatoren schon nahezu vollzählig (*tanta frequentia*) anwesend waren. „Das Erscheinen . . . war grundsätzlich Pflicht. . . . In der Praxis wurden diese Vorschriften aber nur lax gehandhabt, und Klagen über schlechten Besuch der Sitzungen sind nicht selten“ (E. Meyer, Röm. Staat u. Staatsgedanke, Darmstadt, ^{2}1961, 206). — **tot — necessariis:** s. 1,9 *hic sunt in nostro numero* u. 2,5 *quos etiam in senatum venire.* Zu den eigentlichen Catilinariern zählten im Senat nur wenige. Cic. übertreibt hier stark, oder er rechnet alle Popularen ohne weiteres unter *amic. ac necess.* — **quis — salutavit:** er ist geächtet. Abscheu oder Furcht halten die Senatoren zurück. — **post hom. memoriam:** s. zu 3,25. — **vocis — taciturnitatis:** mit dieser geistreichen Wendung will er das Schweigen der Senatoren in seinem Sinne interpretieren; vgl. zu 1,21 *cum quiescunt — clamant.* — **ista**

subsellia vacuefacta: das ist eine noch eindeutigere Haltung als das Nichtgrüßen und Schweigen; *subsellium = eine Bank ohne Lehne.* — **consulares:** sie nehmen die höchste Stellung unter den Senatoren ein. — **tibi:** dat. auct. — **adsedisti:** als Praetor saß er in ihrer Nähe. — **nudam atque inan.:** Intensitätssynonyme.

17. — **Servi mehercule...:** von der letzten rhet. Frage ausgehend, beleuchtet Cic. an drei Enthymemen die Unmöglichkeit des Bleibens für C. Diese Enthymeme, die den ganzen Paragraphen 17 ausfüllen, haben die Form der Klimax (*servi — cives — parentes*) und führen zu der Stilhöhe der bedeutungsvollen Rede des personifizierten Vaterlandes 1,18 hin. — **mehercule:** eine fast nur von Männern gebrauchte (die Frauen sagen *mecastor*) Beteuerungsformel. — **isto pacto:** viel stärker als einfaches *ita.* — **relinquendam:** nicht etwa aus Furcht vor Gewalttätigkeit, sondern — wie aus den folgenden Beispielen noch deutlicher wird — allein deshalb, weil er diese bedrückende Atmosphäre seinerseits nicht ertragen könnte. Man kann daraus ersehen, wie persönlich das Verhältnis von Herren und Sklaven sein konnte. — **tam graviter:** der Vergleich erübrigt sich, da er im vorigen Satz durchgeführt ist. — **carere — civium:** eine Umschreibung für das problematische *exilium.* — **infestis — oculis...:** führt die Unbehaglichkeit in ganz anschaulicher Weise aus. — **conscientia ...:** vgl. 3,11 *conscientiae vis.* — **cum — agnoscas...:** konzessiv. — **ut opinor:** eine gewisse Einschränkung, da man bei Catilina auch mit der Vernachlässigung der *pietas* sogar gegenüber den Eltern rechnen muß. — **patria, quae — nostrum:** der Relativsatz ist eine Wesensbestimmung des Vaterlandes mit sinnfälliger Personifikation: *parens* (entsprechend dem vorhergehenden *parentes*); der Sg. *parens* feierlich statt *mater.* — **vis:** nicht die physische (vgl. 1,19 *etiamsi vim adhibere non possit*), sondern ebenso wie *auctoritas* und *iudicium* die moralische Macht.

18. **Agit:** *agere cum = verhandeln, reden mit.* — **quodam modo tacita:** zur Milderung der kühnen, der Poesie nahestehenden Figur der Prosopopoiie (vgl. 1,27), in der unbeseelte und abstrakte Dinge als sprechende Personen dargestellt werden. — **tacita loquitur:** sog. Figur des Oxymorons, die sich widersprechende

Begriffe zu einer Einheit verbindet; vgl. 1,21 *cum tacent, clamant;* auch 3,10 *muta revocare*, 3,27 *tacita defendet.* — **nullum . . .**: das Vaterland redet mit Pathos (figurenreich: Anapher (*nullum, nullum*); sog. Polyptoton (*per te, sine te, tibi, tibi, tu*), bei dem ein Wort in verschiedenen Kasus begegnet, eine der Anapher nahestehende Figur, auch was die eindringliche Wirkung angeht; viele Synonyme) u. in wohlgegliedertem Schema: 1. die bisherigen Verbrechen (a) negativ (*nullum* — *sine* te); (b) positiv (*tibi* — *ac libera*); (c) komparativisch: (*tu non solum* — *verum etiam*, abgeschlossen mit *superiora* — *tuli*); 2. dagegen die neuen Verbrechen (*nunc vero* . . . in dreigliedriger Klimax, abgeschlossen mit der eindringlichen Wiederholung *non est ferendum*); 3. die Konsequenz (*quam ob rem* . . .) u. 4. ihre geistreiche antithetische Begründung (*si* . . . *verus* — *sin falsus*). — **aliquot annis**: eigentlich schon seit den Proskriptionen des Sulla, an denen er sich maßgebend beteiligte. — **flagitium**: z.B. das Keuschheitsdelikt der Vestalinnen im Jahre 73. — **multorum civ. neces**: geht wohl auch nur auf seine Teilnahme an den Proskriptionen; jedenfalls fehlen andere Nachrichten. — **uni mult.**: scharf antithetisch. — **vex. dirept. sociorum**: im Jahre 67 hatte C. als Proprätor die Provinz Afrika ausgebeutet und war deswegen in Rom vor Gericht gestellt, aber trotz der Schwere des Vergehens (Milde und Gerechtigkeit den Untertanen gegenüber galten neben der milit. Macht als die Grundlage des röm. Imperiums.) nicht verurteilt worden (*impunita ac libera*). — **tu non solum . . .**: asyndetisch; der Satz begründet das vorhergehende *impun. ac libera* mit dem Hinweis auf seine „Tüchtigkeit" (*valuisti*). — **neglegendas leges**: indem er die Gesetze übertrat und vor der Bestrafung durch die Gerichte (*quaestiones*) keine Angst hatte. — **evinc. perfring.**: er soll an der Störung mancher Prozesse durch Volksaufläufe beteiligt gewesen sein und hatte namentlich in seinem eigenen Repetundenprozeß die Richter massiv bestochen. Die allg. Bestechlichkeit der Richter ist ein schlimmes Zeichen des Verfalls in der ausgehenden Republik. — **ferenda non fuerunt**: was seine Unverschämtheit angeht. — **ut potui, tuli**: die paradoxe Antithese unterstreicht die Geduld und Leidensfähigkeit der Mutter; vgl. 1,1 *patientia nostra.* — **a . . . abhorreat**: *nicht in*

Zusammenhang stehen mit. — **discede:** das entscheidende Stichwort. — **sin falsus:** diese Alternative, die Cic. in eigener Person gar nicht in Erwägung ziehen würde, dient dazu, die Furcht der Mutter als das entscheidende, unwiderlegbare Motiv herauszustellen. — **tandem aliquando:** vgl. 1,1 *tandem;* hier aber der seufzende Ton einer Verängstigten.

19. **Haec si . . .:** von der Illusion (*si . . . loquatur* potential) zurück in die Wirklichkeit (*ita ut dixi* real). So wenig er mit dieser psychagogisch geschickten Einlage den Angeredeten selbst rühren konnte und wollte (s. § 22), so darf er doch sicher sein, der Zuhörer Gefühle gegen C. gesteigert zu haben. — **etiamsi vim adhibere non possit:** zur Rechtslage vgl. zu 1,13 *in exilium.* Er sagt allerdings nicht, daß das Vaterland dies unter keinen Umständen könnte; vgl. z. B. 1,19 E: *a carcere atque a vinculis abesse.* — **Quid:** lebhaft, einen neuen Gedanken einleitend, ellipt.: ~ *was hat es nun damit auf sich, daß* . . . . — **tu te in cust. dedisti:** daraus geht indirekt Cs. Eingeständnis hervor, daß der jetzige Zustand unhaltbar ist, nur wird sein Lösungsversuch von Cic. als Finte aufgedeckt und somit die Alternative *Tod oder Weggang* (1,20 A) dringlicher gestellt. — **custodia:** s. zu 3,14 *in custodiam;* C. hatte, um seine Unschuld zu beweisen (*vit. susp. causa*), seine freiwillige Haft angeboten, als er nach dem Anschlag auf Praeneste vom 1.11. angeklagt worden war. — **quod vit. susp. causa . . .:** der Vorgang im einzelnen. — **M'. Lepidum:** der 1,15 erwähnte Mann, also ein Konsular. — **etiam ad me ven. ausus:** eine Steigerung, da Cic. sein Gegner schlechthin ist; *ausus* betont wieder (s. zu 1,1) seine *audacia.* — **ad sodalem tuum:** *sodalis Mitglied einer Genossenschaft oder Verbrüderung,* oft auch im pejorativen Sinne verwandt; vgl. z. B. 2,9 *prope sod.* — **virum optimum:** hier natürlich ebenso ironisch wie das nachfolgende *videlicet — putasti.* — **M. Metellum:** sonst nicht bekannt. — **et . . . et . . . et:** eine Klimax von bissiger Ironie, da Catilina in Wirklichkeit mit Wissen seines „Bewachers" zu der Konferenz im Hause des Laeca entwichen war und sein Bewacher es auch sonst (vgl. den Anschlag auf Praeneste vom 1. 11.) an allen notwendigen Maßnahmen einer ordentlichen Bewachung hatte fehlen lassen. — **sed:** abbrechend mit einer Reflexion, die in rhet. Frage höf-

lich mit *videtur* gemildert ist. — **a carcere atque a vinculis:** Im Gegensatz zur Privathaft, der custodia libera, die bei angesehenen Bürgern bevorzugt wird (s. zu 1,19 *custodia*), erfolgt die Haft in öffentlichen Gefängnissen mit Fesselung. Gefängnis gibt es in der Republik fast nur als Untersuchungshaft (vgl. aber zu 4,7 *singularis*) und nach der Verurteilung bis zum Antritt der Strafe, besonders der Todesstrafe, auf die hier angespielt ist; vgl. im folgenden *emori.* — **custodia:** greift abschließend auf den Anfang des Paragraphen *in custodiam* zurück.

20. **Dubitas:** verwundert, daher ohne Fragepartikel. — **emori aequo animo:** dazu fehlt dem verwegenen Revolutionär der Mut. — **multis suppl. iustis deb.:** vgl. u. a. 1,2 *ad mortem* u. bes. auch 1,18 *multorum civium neces.* — **Refer . . . :** vermutlich ein wirklicher Einwand C.'s, wie mit *id enim postulas* deutlich wird. *referre ad sen.: dem Senat Bericht erstatten* zum Zwecke der Abstimmung; s. *placere.* C. spekuliert darauf, daß der Senat einer Entscheidung ausweichen werde, da die Ausweisung eben ein gerichtliches Urteil verlangt. Cic. geht nicht in die Falle (*non referam*), mit der ausweichenden Begründung, seinem Temperament liege das grobe, direkte Vorgehen nicht (*id quod — moribus*). — **et tamen faciam . . .:** auf seine elegante Art hofft er, zu demselben Ergebnis, einer (nicht offiziellen) Meinungsäußerung des Senats (*quid hi de te sentiant*) in seinem Sinne, zu kommen. — **Egredere . . .:** klingt hier wie ein Befehl; vgl. dag. 1,10. — **in exsilium — proficiscere:** das entscheidende Wort ist endlich, nach sorgfältiger Vorbereitung, gefallen. — **Quid est?:** nach entsprechender, spannungsgeladener Pause, in der sich das Interesse auf die Reaktionen des Senats konzentriert, weiß Cic., daß dieses Wagnis zu seinen Gunsten ausgegangen ist. Daher setzt er mit erregter (knapper) ironischer Frage an den sicher verblüfften (*s. attendis*) C. ein. — **silentium:** klärt für den Leser die Situation; aber es hätte immer noch als Ablehnung oder Zustimmung gedeutet werden können. Diese zweideutige Lage schlachtet Cic. geschickt und weidlich zu seinem Vorteil aus. — **patiuntur:** sie lassen es zu, daß ich von *exsilium* rede. — **tacent:** asyndet. mit kausalem Sinn. — **voluntatem tacitorum:** ist gegenüber *patiuntur* einen Schritt weiter und wird der *auctor. loquentium* als noch gewichtiger gegenüber-

gestellt. — **perspicis:** selbst C. muß jetzt diese Meinung über das Schweigen der Senatoren haben.

21. **Huic adulescenti ... M. Marcello:** Diese beiden Politiker sind hier genannt, um sie als vorbildlich (*adul. optimo* u. *fortiss. viro*) für die jüngere Generation der Senatoren, die weitgehend mit C. sympathisierte und bes. nach dessen Tod Cicero heftig angriff, hinzustellen. — **adulescenti:** als Quaestor mußte man mindestens 31 Jahre alt sein. — **iam mihi consuli. h. i. in templo ... intulisset:** Für diesen irrealen Fall unterstreicht er die Berechtigung zu einem sehr drastischen Einschreiten des Senats ohne Rücksicht auf die Heiligkeit des Ortes und die Würde der Person; denn mit der bei Cic. geläufigen Verbindung von *vim* u. *manus* ist nicht etwa die Geste der Verhaftung (*manum inicere*) gemeint, sondern direkte Handgreiflichkeiten. In Wirklichkeit konnte ein hoher Magistrat im Amt nicht einmal belangt werden; s. zu 3,15 *iudicio senatus.* — **cum quiescunt — clamant:** in einer dreigliedrigen Klimax wird der Gedanke noch einmal pointiert (*cum* coincid. mit dem paradoxen Inhalt) herausgestellt und abgeschlossen. Die Klimax tritt in den Hauptsätzen *probant, decernunt, clamant* klar in Erscheinung, aber auch die jeweils zugeordneten Nebensätze müssen sie natürlich zum Ausdruck bringen: *quiescunt = sie zeigen keine Reaktion, patiuntur = man merkt, daß sie es hinnehmen, tacent = sie schweigen ganz bewußt.* — **neque hi solum:** nach diesem Höhepunkt wendet er sich mit dem komparativischen Schema *neque solum, sed etiam* den anderen Ständen zu, deren Eintracht sein Verdienst ist. — **auctoritas — videl. ... vilissima:** die beißende Ironie soll die Senatoren, soweit sie noch schwanken, hellsichtig machen, indem sie sie bei ihrer eigenen Angst packt. — **equites Rom.:** s. zu 4,15 *de amore r. p.* — **ceterique — cives:** vgl. 4,14ff. — **circumstant senatum:** sie umstanden bewaffnet zum Schutz des Konsuls den Tempel, in dem die Sitzung stattfand. — **frequentiam — voces:** eine Klimax von der bloßen Anwesenheit über eine unbestimmte Erregtheit bis zur deutlichen Äußerung. — **paulo ante:** auf seinem Weg zur Senatssitzung. — **vix ... contineo:** auch hier stellt Cic. sich als der Mäßigende hin (vgl. u. a. 1,20 *id quod abhorret a meis moribus*).

22. **Quamquam . . .**: in der sog. Percontatio (s. S. 131) zerstört er in sarkastischer Sprache seine schöne Illusion, C. zum gutwilligen Verlassen der Stadt bewegen zu können. — **utinam — duint**: nur die Götter könnten das Unmögliche möglich (erfüllbarer Wunsch) machen; *duint:* alte Optativform zu *dare* mit dem Modusvokal *i*, die sich im Lateinischen noch in Resten (so hier in der Sondersprache des Gebets) erhalten hat; vgl. *sim, velim, ausim, faxim.* — **video**: wie ein Prophet blickt er in die Zukunft; das sieht ganz nach einem vatic. ex eventu aus. — **animum inducere**: *sich etwas in den Kopf setzen, sich entschließen.* — **tempestas invidiae — impendeat**: von großer Bildkraft, *temp.* öfters in ähnl. Metapher gebraucht; vgl. deutsch *Sturm der Entrüstung; invidia:* fester Begriff für das Auftreten gegen ein Mitglied des Senats, unabhängig davon, ob dies berechtigt ist oder nicht. — **sed est tanti . . .**: er macht sich mit entschlossener Geste von der Angst und Sorge und der Rücksicht auf seine Person völlig frei. — **dum modo tua ista — calam. — seiungatur**: Cic. ist bereit, die *invidia* auf sich zu nehmen, wofern sich nur sein Wunsch erfüllt, nämlich daß C. sein privates Mißgeschick nicht, wie er es kurz zuvor noch im Senat selbst angedroht hatte (Cic. Mur. 50 *si quod esset in suas fortunas incendium excitatum, id se non aqua, sed ruina restincturum.*), mit dem Geschick des Staates verquickt. Das überlieferte *tua* (nicht *mea*, wie manche vermuteten) ist also richtig, wie auch aus den entsprechenden Gedanken 2,15 erhellt. — **sed tu ut vitiis . . .**: während der vorhergehende Satz *sed est tanti* (2,15 *Est — tanti . . .*) mutig die Furcht vor der *invidia* überwindet, die ihm droht, falls C. ins Exil gehen sollte, wird hier (vgl. 2,15 *Sed, mihi credite, non est iturus*) die Möglichkeit des Exils mit Ironie und Sarkasmus (*non est postulandum*) ausgeschlossen. — **vitiis tuis — temporibus rei publicae**: C.'s Versagen wird nach drei Gesichtspunkten in Form einer Klimax beleuchtet: 1. Er hat kein persönliches Gewissen. 2. Er fürchtet nicht die Macht der allgemein geltenden Gesetze. 3. Er nimmt keine Rücksicht auf die Interessen des Staates (*tempora: Zeitumstände, Zeitverhältnisse* ist gegenüber *pericula* die *vox media*). Diese Rangordnung, die neuzeitl. Wertmaßstab entgegengesetzt ist, entspricht dem Ethos des ζῷον πολιτικόν.

23. **Ut saepe iam dixi:** vgl. z. B. 10, 12, 13, 20. — **inimico, ut praed., tuo:** C. unterstellt also Cic. persönliche Motive für seine Maßnahmen, während Cic. ihn wiederholt als *hostis* herausstellt; *ut praedic.* weist ironisch die Unterstellung *inimicus* zurück. — **iussu consulis:** statt *meo;* die Umschreibung hebt den Amtsmißbrauch, den Cic. hier nach C'.s Meinung treibt, heraus. — **vix — sustinebo:** selbst seine Furcht vor der *invidia* hat sich jetzt in Spott und Hohn verwandelt, wie auch die Übertreibungen *vix feram — vix molem ... sustinebo* dartun. — **sin autem — mavis, egredere ...:** schon im Tenor gibt Cic. zu verstehen, daß diese zweite Möglichkeit für C. allein in Frage kommt. — **bellum — latrocinio:** vgl. 1,27 *latrocinium potius quam bellum.* — **ut — non eiectus — sed invitatus:** wieder wird in der Antithese auf den Komplex „Exil" angespielt.

24. **Quamquam ...:** Die Initiative für den Weggang C's. liegt völlig bei ihm selbst, dies unterstreicht auch die Klimax der Relativsätze *a quo — cui — a quo etiam.* — **praemissos — armati:** das letzte betont C.'s kriegerische Absichten. — **praestolarentur:** der Konj. ist final; *praestol. alicui* = *warten auf.* — **perniciosam ac funestam:** im Gegensatz also zu C., der den Adler als Glücksbringer betrachtete; von den Synonymen ist das zweite wie üblich das stärkere. — **aquilam illam argent.:** s. Sall. Cat. 59,3 *quam bello Cimbrico C. Marius in exercitu habuisse dicebatur.* „Seit Marius war der Adler ... die Fahne der Legionen ... Der Adler war aus Silber oder versilberter Bronze gefertigt, vielleicht manchmal vergoldet ... Er war mit geöffneten, und zwar, was charakteristisch ist, zum Aufflug hocherhobenen Flügeln dargestellt. Auch das Blitzbündel in seinen Klauen ist schon für jene Zeit erwiesen ..." (Kromayer — Veith, Heerwesen u. Kriegführung d. Gr. u. R. S. 402 f.) — **sacrarium:** Ulp. dig. 1,8,9,2 *sacr. est locus, in quo sacra reponuntur.* So wurden auch die Legionsadler gewöhnlich in einem kleinen *sacr.* neben dem Feldherrnzelt aufbewahrt. — **scelerum:** paradox zu *sacr.;* die Vorstellung wird in den folgenden Relativsätzen mit konkreten Angaben ausgeführt. — **tu ut ...:** mit affektischer Unterdrückung von *non est postul.*; vgl. 1,22. — **solebas — saepe:** der Adler ist mit C.'s Verbrechen, die er nicht lassen kann, so eng verbunden, daß er ihm unbedingt nachfolgen muß. — **quam —**

cuius: die Relativsätze sind nach dem Gesetz der wachsenden Glieder gebaut: der erste knapp und begrifflich, der zweite ausführlich und bildlich. — **altaribus:** den Sg. gibt es erst seit Petron. — **impiam dexteram:** Zum vermutlich der griech. Tragödie entstammenden Topos s. E. Skard a. a. O. 70.

25. **Ibis tandem . . .:** Für Cic. ist es eine befreiende Gewißheit, daß C.'s Veranlagung (*tua ista cupiditas — rapiebat;* impf. = *immer schon*) ihm keine andere Wahl läßt. — **effrenata ac furiosa:** vgl. 1, 1, wo die Begriffe *furor* u. *effren. audacia* als Kennzeichen seines Temperaments herausgestellt werden. — **neque enim — sed:** in dieser Begründung seiner befremdlichen *cupiditas* wird einer normalen Reaktion sein unnatürliches Gefühlsleben (betont noch durch *quandam incredibil.* u. im folgenden *hanc — amentiam*) in dem geläufigen Schema negativ — positiv gegenübergestellt. — **amentia:** der Begriff, der sein Verhalten charakterisiert, wird 1,25f. illustriert. — **natura:** s. 1,26 *habes, ubi ostentes* .... — **voluntas:** s. 1,26 *ad huius vitae studium* ... — **fortuna:** zweimal wurde er, abgesehen von dem Prozeß des Jahres 73 gegen mehrere Vestalinnen wegen Keuschheitsverletzung, in dem er auch unter den Verführern genannt worden war, angeklagt, einmal in einem Repetundenprozeß (65), das zweite Mal wegen seiner Teilnahme an den sullan. Proskriptionen (64); im letzteren Falle drohte die Verbannung. Beide Male wurde er wider Erwarten freigesprochen. — **numquam ... non modo ... ne — quidem nisi:** zum Negationspleonasmus, der die heftige Erregung widerspiegelt, vgl. zu 4, 19 *non modo non.* — **nefarium:** vgl. u. a. 1,23 *infer patriae bellum.* — **concupisti:** = *concupivisti.*

26. **Hic . . .:** die sarkastische Descriptio seiner *amentia,* die die Klimax *laetitia — gaudium — voluptas* enthält, wie es sich an den Verben *perfrui — exsultare — bacchari* noch deutlicher abzeichnet. — **cum:** coincidens c. ind. — **huius vitae:** emphatisch (*vitae studium* = *Lebensplan, Lebensführung, Lebensstil*), nämlich des *latrocinium,* s. 1,23. — **meditati sunt:** von *meditari* findet sich ein perf. oft in pass. Bedeutung. — **qui feruntur:** ironisiert das nachfolgende *labores:* seine allgemein bekannte, bemerkenswerte Fähigkeit, Strapazen zu ertragen, wird von Cic. hier nur in der negativen Auswirkung gezeigt. — **iacere — otiosorum:** die

beiden Tätigkeiten *iacere h.* und *vigilare* jeweils zu zwei Zwecken, wobei das erste Verb seine *libido* (1, 13) kennzeichnet, das zweite, gewichtigere (*verum etiam*) aber besonders seine Befähigung zum *latrocinium* betont. — **ad obsidendum stuprum**: „um auf die Gelegenheit zu einer Unzucht zu lauern, jedoch auch mit obszönem Nebenbegriffe" (Halm–Laubmann). – **somno maritorum**: als Ehebrecher. — **otiosus**: *friedlich schlummernd.* — **habes, ubi ...**: konsekutiv; sehr ironisch, da nur die wahre virtus zur ostentatio streben sollte. — **brevi tempore conf. esse**: mit dem eitlen *ostentare* ist es im Ernstfall nicht mehr weit her. — **senties**: nachdrücklich: ich will hier nicht etwas voraussagen, du wirst es schon selbst fühlen.

27. **Tantum profeci ...**: es ist Ciceros Verdienst, daß es kein *bellum*, sondern nur ein *latrocinium* wurde. — **cum te a cons. repp.**: Juli 63. — **exsul — consul**: das sinnfällige Wortspiel der sog. Paronomasie. — **nunc —**: ein stark abgesetzter (vgl. außer *nunc* die Anrede *patres conscr.* u. *percipite, quaeso, diligenter ... et ... mandate*) neuer Abschnitt: Mit dem fiktiven Vorwurf des Vaterlands wegen seines zu schwächlichen Vorgehens gegen den Feind C. will er die gegenteiligen Vorwürfe, die er in Wirklichkeit fürchtet, entkräften; s. zu 2, 3 *si quis* ... — **patriae querimoniam ...**: wenn das Vaterland ihn der Milde zeiht, ist der Vorwurf zu großer Strenge absurd; daher hebt er die Klage als *prope iustam* hervor. — **detester ac deprecer**: die allit. Synonyme stammen aus der floskelhaft erstarrten Gerichtssprache. — **quaeso**: mildert höflich das energische *diligenter* und das hartnäckige *penitus.* — **animis — mentibusque**: diese Synonyme dienen ebenfalls dem Nachdruck. — **etenim**: ~ *nämlich;* um den unmittelbaren Beginn der Klage zu markieren. — **patria ... si ... sic loquatur**: Im Gegensatz zu dem flehenden Ton der verängstigten Mutter, der dem grausamen Feind C. gegenüber angebracht ist (Rede 1, 18), steht hier die patria wie ein Richter in der lebhaften Redefigur der Exquisitio (des ausführlichen Frage- u. Antwortspiels) mit Vorwurf, Strenge u. Ironie vor dem Consul. Muster für diese Rede ist Platon, Kriton 50 a ff. — **M. Tulli**: die offizielle Anrede des römischen Bürgers mit Praenomen und Gentiliz (das Cognomen fehlt dabei namentlich in früherer Zeit sehr oft) gibt der Frage Ernst

und Eindringlichkeit. — **quid agis:** die allgemeine Frage soll die Aufmerksamkeit für die folgende Darlegung wecken. — **eum, quem . . .:** inhaltsreiche, erregte Periphrase des Namens Catilina. — **esse hostem:** die *patria* bestätigt also Cic., daß C. *hostis* sei. — **evocatorem servorum:** ein Einzelzug seiner Würdelosigkeit, der bei Sall. Cat. 44,5f. dem Lentulus zugeschrieben und für C. ebd. 56,5 ausdrücklich verneint wird. — **civ. perd.:** vgl. 2,17ff. — **emissus — inmissus:** die Gegenüberstellung ist durch die zweifache Nennung von *urbs* sehr betont; gegen das *emitti* hätte also auch die *patria* vielleicht nichts einzuwenden; aber wegen der daraus erwachsenden Gefahr mahnt sie zu strengeren Maßnahmen. — **in vincla duci — mactari:** ein pathetisches Trikolon für Catilinas Beseitigung. — **vincla:** als erstes Stadium der Hinrichtung; s. zu 1,19 *a carcere atque a vinculis.* — **ad mortem rapi:** die robuste Sprache der Empörung. — **summo suppl. mactari:** gewählte Paraphrase des Vorhergehenden, die den Tod als verdiente Strafe hervorhebt; *mactare* (von *magmentum* = *Fleischstücke* als Zusatz zu den geopferten Eingeweiden) = *jmd. als Opfer weihen, opfern,* dann allg. *hinschlachten, töten.* — **imperabis:** *imp.* mit A. c. I. d. Pass. gelegentlich bei Cic.

28. **Quid tandem . . .:** die ungeduldige Frage nach dem Grund für seine befremdende Milde. — **mosne maiorum:** der wiederholte Hinweis auf den *mos maiorum* beweist, wie sehr er sich um diese Rechtfertigung für sein Vorgehen bemüht. „Das für Cicero so bezeichnende Denken in Exempeln wurzelt tief in seiner Persönlichkeit und bestimmt sein Handeln bis in den privatesten Bereich“ (O. Seel, Cicero, Stuttgart, ^{2}1961, 255). — **leges, quae — rogatae sunt:** seit Beginn der Republik in mehreren Fassungen, zuletzt durch C. Gracchus: kein Bürger darf ohne Berufung an die Centuriatscomitien zum Tode verurteilt werden; *leges* = *das positive Recht* neben der mehr auf dem sittlichen Empfinden beruhenden *Rechtsgewöhnung* (*mos*). — **numquam . . . civium iura tenuerunt:** dieser Schutz gilt nicht für Hochverräter; Cicero handelt bei der Verurteilung der Catilinarier trotz des Einspruchs Caesars nach diesem Rechtsgrundsatz, aber dies ist die Ursache der späteren *invidia,* die die Verbannung herbeiführt; so ist es nicht verwunderlich,

wenn sich jetzt als drittes Motiv die *invidia posteritatis* anschließt. — **praeclaram vero . . .**: verächtliche Ironie. — **hom. per te cogn.**: die Ausdrucksweise, hier durch das nachfolgende Gegenbild erläutert, findet sich auch sonst noch bei Cicero: sie ist ebenso rühmlich (vgl. Selfmademan), wie das geläufige *h. novus* verächtlich. — **nulla comm. mai.**: der Vater gehörte dem Ritterstand an; er selbst bezeichnet sich mehrfach als *ignobili loco natus.* — **tam mature**: emphatische Umschreibung für den t. t. *suo anno;* so hatte Cic. den ganzen *cursus honorum* durchlaufen und war mit 43 Jahren Konsul geworden. — **summ. imp.**: die Umschreibung klingt etwas gewählter. — **omnes hon. gradus**: 75 Quaestor (Beginn der Beamtenlaufbahn) in Sizilien, 69 kurul. Aedil, 66 Praetor. — **invidiae**: nimmt Bezug auf 1,22 *tempestas inv.*; das Motiv, das ihn in Wirklichkeit sehr bewegt und für ihn tatsächlich verhängnisvoll wurde, kehrt immer wieder; hier aber wird es durch die Alternative *aut alicuius* (klingt betont geringschätzig) *periculi* verharmlost, zumal hier eine ungewisse (*metus*) *invidia* der sicheren *salus* gegenübersteht.

29. **Sed . . .**: Geschickte Umkehr seines wirklichen *metus invidiae.* — **sever. ac. fortitudinis**: hier hört sich das letztere der beiden Synonyme wie eine leichte Korrektur des ersteren, der heiklen *severitas*, an; s. zu 4,11 *a crudelitatis vitup.* u. 4,12 *severum vehementemque.* — **inertiae ac nequitiae**: vgl. 1,4. — **an . . .**: als Abschluß der Rede die rhet. Frage, die in einem pathetischen Bild eindringlich vor der *inertia* warnt. — **cum — ardebunt**: die Klimax geht vom allgemeinen, unüberschaubaren *Italia* zum konkreten, anschaulichen *tecta*, wobei das dauernde Schreckgespenst des Brandes (*ardebunt*) geistreich metaphorisch weiter verwandt wird: *inv. incendio conflagraturum;* diese *invidia* ist ebenso gefährlich, ungeheuerlich, wie die zuerst erwähnte (s. 1,28 *propter inv.*) harmlos. — **His ego . . .**: sehr bedeutsam eingeführt die Rechtfertigung seiner „halben" Maßnahmen, die sich trotz *pauca* bis in den letzten Paragraphen hinzieht. — **vocibus**: akustisch sinnfälliger als etwa *verbis*, *Stimme*, *Zuruf*, ~ *Mahnung.* — **et** — **qui** — **sentiunt, mentibus**: die poet. Prosopopoiie wird um der Unmißverständlichkeit willen abgelegt; mit derartiger Kritik hatte er wohl tatsächlich

auch zu rechnen. — **ego, si . . .:** in der irrealen Bedingung seine allzu stark auftragende Formulierung zur Widerlegung von *metus invidiae: unius* — *dedissem* (die Vergangenheit = *alles wäre längst erledigt*). — **optimum factu:** von der politischen Zweckmäßigkeit. — **patres conscripti:** die Anrede zeigt, vor wem er sich wegen allzu lascher Maßnahmen glaubt rechtfertigen zu müssen, etwa vor den Konservativen um Cato; vgl. 1,5 *credo, erit verendum mihi . . . omnes boni.* — **gladiatori:** ein verächtliches Bild für Catilinas Minderwertigkeit; vgl. 2,7 u. auch 2,9. — **etenim:** Wieder der Hinweis auf den *mos maiorum.* — **Flaccus:** hier das Cognomen; dag. 1,4 mit dem offiziellen Namen und Titel: *M. Fulvius consularis.* — **superiorum complurium:** vgl. 1,3 *nimis antiqua.* — **sanguine — contaminarunt:** eine alte Metapher, vom realen Besudeln ins Kultisch-Moralische übertragen. — **redundare:** das plastische Bild von der *Woge* des Hasses variiert das noch anschaulichere vom *incendium.* — **quodsi — maxime:** *wenn auch noch so sehr.* — **hoc animo:** abl. qual.; er streicht seine Hochgemutheit sehr heraus. — **fui semper:** ind. pf. = ist seine stete Grundhaltung, während die Bedingung noch irreal (*impenderet*) ist. — **invidiam — non invidiam:** sog. Figur der Distinctio, wobei „die normale Bedeutung mit der emphatischen Verwendung in eine spielerische Beziehung gebracht wird" (Lausberg a. a. O. (s. S. 128 f.) 1. Aufl. § 46); die Äußerung spielt auf das Sprichwort *invidia gloriae comes* an.

30. **Quamquam:** abbrechend (s. 1,22); nach der negativen Darlegung, daß nicht eigene Feigheit ihn vom energischeren Handeln abgehalten hat, geht er zum positiven Aufweis der wahren Gründe, der Schuld der anderen, über. — **non nulli:** Namen möchte er nicht nennen; auch wirkt die Anonymität besser. — **aut — aut:** die Alternative in der Figur der sog. Epiploke, bei der der letzte Begriff des ersteren Satzes (*videant*) als erster im folgenden Satz wiederkehrt (*vident*). — **mollibus sententiis:** zur mangelnden Energie des Senats gegenüber C. vgl. Cic. Mur. 51. — **coniurationemque — cred. corrob.:** eine kräftige Alliteration. — **multi:** also Bürger außerhalb des Senats, getrennt nach *improbi* (vgl. *dissimulent*) u. *imperiti* (vgl. *non videant*). *improbus* oft polit. Schlagwort der Optimaten für

die Gegner des Senatsregiments. — **crudeliter:** s. zu 4,11 *a crudel. vitup.* — **regie:** spezifischer als *crudel.*: unter Mißbrauch seiner Amtsbefugnisse; die pejorative Bedeutung von *regius* ist in der Republik geläufig. — **Nunc:** die Wirklichkeit ist der Irrealität des vorhergehenden Satzes scharf gegenübergestellt. — **quo intendit:** dazwischen geschoben, um ja keinen Zweifel, wie er in der fut. Konditionalperiode *si — pervenerit* liegen könnte, aufkommen zu lassen. — **Hoc autem uno ...:** greift auf 1,29 *hoc — interf.* zurück, um dann durch die Gegenüberstellung *uno — suos* zu den Anhängern überzuleiten. — **pestis:** meist metonym und allg. ~ *Unglück, Verderben;* so ist es z. B. 1,11 auf C. angewendet. Hier aber ist die bildliche Ausdrucksweise, die sich über den ganzen Paragraphen 31 erstreckt, noch nicht so abgeblaßt; sie ist von einer bösartigen Infektionskrankheit entlehnt, wie durch den Vergleich 1,31 noch eigens zum Ausdruck kommt: *ut saepe hom.* — **Hanc rei publ. pestem:** allg. die revolutionären Umtriebe; dag. unten *haec tam adulta rei publ. pestis* speziell: diese so weit vorangetriebene Verschwörung. — **quodsi:** der positive Teil der Alternative gewichtig eingeführt. — **sese eiecerit:** die befremdliche Ausdrucksweise versteht sich als (hier noch) bewußte Vermeidung eines *eum eiecero;* wie heikel ihm die Verantwortung für diese Maßnahme schien, erkennt man daraus, daß dieses Stichwort unter den verschiedensten Aspekten immer wiederkehrt: **2**, 1, 7, 12, 13, 14, 15, **3**,3 (16 *pellebam*). — **secumque suos eduxerit:** vgl. 2,4 *utinam — eduxisset.* — **naufragos:** dasselbe Bild 2,24. — **exstinguetur atque delebitur:** die Synonyme u. das Futur drücken die absolute Gewißheit aus. — **stirps ac semen:** im Gegensatz zu *adulta;* die Bilder vom unausrottbaren Unkraut (vgl. 2,23 *seminarium Catilinarum*), *semen* auch vom Krankheitskeim (z. B. Lukrez 6,1095); beide Begriffe sind aber auch sonst wegen ihrer Anschaulichkeit in manchen Metaphern anzutreffen. — **mal. omnium:** *omn.* betont nachgestellt; zu *mal.* vgl. etwa die Laster der *genera* von Menschen, die an der Verschwörung interessiert sind; 2,18ff.

31. **iam diu:** vgl. Mur. 81 *omnia, quae per hoc triennium agitata sunt, iam ab eo tempore, quo a L. Catilina et Cn. Pisone initum consilium senatus interficiendi scitis esse* (im Jahre 66), ... *in hoc tempus erum-*

punt. — **patres conscripti**: die Anrede, um auf die gemeinsame Gefahr für Redner und Hörer (*versamur*) hinzuweisen. — **nescio quo pacto**: eine Floskel, die Verwunderung und Befremden ausdrückt. — **maturitas**: vgl. 1,30 *stirps ac semen.* — **erupit**: wie bei einer prallen Fruchtkapsel oder noch besser einem Geschwür, wozu *maturitas* auch paßt. — **in n. c. tempus**: acc. d. Richtung, die durch den großen Druck (*erupit*) gegeben ist. — **tanto**: wie aus *omnium scel.* u. *diu* hervorgeht. — **latrocin.**: meton. (abstractum pro concreto): *Räuberbande.* — **iste — tolletur**: verächtlicher als 1,30 *hoc — interfecto.* — **videbimur fortasse — autem residebit**: vgl. 1,30 *intellego — reprimi, non — comprimi;* hier ist die Chance des Augenblickserfolgs noch geringer, die Gewißheit des Mißerfolgs eindeutig. — **cura et metu esse relev.**: hier nur eine betont subjektive Täuschung; dag. oben die objektive Feststellung *reprimi.* — **inclusum penitus**: pleonastisch. — **in venis atque visc.**: allit. polare Ausdrucksweise für den menschlichen Organismus. — **ut**: die Metapher leitet zu einem direkten Gleichnis über, welches das von Cic. festgestellte Krankheitsbild des komplizierten Staatsorganismus an überschaubaren und geläufigen (*saepe*) Erscheinungen des menschlichen Organismus verdeutlichen soll. Derartige Übertragungen vom medizinischen auf den politischen Bereich sind geläufig u. schon in der griech. Literatur anzutreffen. — **morbo gravi**: abhängig von *aegri.* — **relevari**: hier absolut: ~ *Linderung fühlen.* — **cum —**: temporal: *wenn* sich die Krankheit in diesem Stadium befindet ... — **aestu febrique**: *febr.* epexeget. als Erklärung der Hitze. — **aquam gelidam bibere**: wie es als Kurzschlußreaktion geschehen mag. — **multo gravius vehem.**: pleonastisch, um die rapide Verschlimmerung zu kennzeichnen. — **istius poena — reliquis vivis**: das wäre eben solch eine unüberlegte, übereilte Maßnahme. — **vehement.**: viel maßvoller als im Gleichnis: es handelt sich um eine Prognose; die Entwicklungsrichtung, die er durch das Gleichnis demonstriert hat, genügt ihm; auch könnte durch eine zu heftige Steigerung das Übel, das Catilina selbst darstellt, verharmlost werden.

32. **Quare**: aus der einleuchtenden Darlegung zieht er sofort, gleichsam besorgt, daß man seine Ergebnisse wieder zerreden

könnte, das Fazit, indem er die konkreten Erfordernisse der Stunde Punkt für Punkt (asyndetisch) zusammenfaßt. — **a nobis**: = *a bonis*. — **consuli — urbem**: von dem höchsten Beamten bis zur Stadt in ihrer Gesamtheit verschonen sie nichts; dabei bleiben die beiden Mittelglieder für uns farblos und dienen wohl nur zur Füllung bzw. zur Folie für die beiden anderen. — **tribunal praetoris**: eine erhöhte Terrasse auf dem Comitium mit dem Amtssitz des Praetors. — **urbanus**: zur Unterscheidung von dem 241 dazugekommenen praetor peregrinus (*qui inter peregrinos ius dicit*), welcher für die Rechtspflege zwischen Bürgern und Nichtbürgern zuständig war. — **circumstare**: natürlich in feindl. Absicht; der praetor urbanus war für die Bestrafung der Schuldner zuständig und insofern diesen Existenzen verhaßt. — **curia**: das übliche Sitzungsgebäude des Senats am Forum. — **malleolos**: *Brandpfeile*, die, mit Pech und Werg versehen, *hammer*förmiges Aussehen hatten. — **inscriptum — sentiat**: Der Topos vom Gegensatz zwischen Denken u. Reden läßt sich bis auf Homer (Il. 9,313) zurückverfolgen. Die gleichfalls alte Metapher *inscript. in fronte* geht viell. auf entsprechende Tätowierungen von Stammeszeichen u. ä. (vgl. auch das Kainszeichen) zurück. — **polliceor**: das an den Senat (vgl. die Anrede) gerichtete Versprechen, mit Hilfe aller Gutgesinnten einen erfolgreichen Abschluß der Aktion herbeizuführen. — **tantam**: mit sinnfälliger Anapher für das Ausmaß der verfügbaren, in Eintracht verbundenen Kräfte; stark im Vordergrund steht freilich als eigentliche Ursache des Erfolgs die *diligentia* (*consulis*), das andere schwingt mehr gefühlsmäßig als captatio benevolentiae mit. — **in nobis consulibus**: nicht plural. pro sg., sondern um die Einmütigkeit mit seinem Kollegen zu betonen (s. dag. zu 1,3 *nos — desumus*). — **diligentiam**: dieser Schluß kontrastiert wirkungsvoll mit dem Anfang 1,3 E *nos — consul. desumus;* vgl. auch 1,9 *hos ego video* . . . — **auctoritatem**: vgl. 1,3 u. 1,4. — **in equit. Rom. virtutem**: vgl. 1,21. — **in omn. bonis consensionem**: vgl ebenfalls 1,21 u. 1,1 *concursus bon. omnium*. — **ut — videatis**: *vid.* praes. = der erfolgreiche Abschluß liegt vor Augen. — **Catilinae prof.**: da er in das Lager, in die offene Verschwörung gehen wird. — **omnia**: d. h. auch *stirps* u. *semen* 1,30. — **patef. — vindicata**: eine

Art Klimax, wobei *patef.* u. *illustr.* rein synonym (das letztere stärker) sind, *oppressa* u. *vindicata* den Fortgang des Geschehens markieren.

33. **Hisce ominibus . . .**: der Schluß der Rede (die sog. Peroratio) zeichnet sich durch den figurenreichen pathetischen Stil der Kultsprache aus: Nach der Verwünschung C.'s schließt die Rede mit dem Bittgebet an Jupiter. — **hisce**: das deikt. Suffix *-c* bzw. *-ce* findet sich gelegentlich auch bei anderen als den üblichen Formen. — **omin.**: nimmt Bezug auf das unmittelbar geäußerte *polliceor* . . . — **c. summa r. p. salute**: wie die Auseinandersetzung mit der *patriae querimonia* 1,27 ff. geklärt hat; *cum* zur Bezeichnung von Wirkung und Folge. — **iunxerunt**: das Perfekt hat gnomische Bedeutung: sie haben es immer so gehalten; wie sollte es jetzt also anders sein? — **impium bellum ac nefarium**: vgl. 1,23 *impio latrocinio*, 1,25 *bellum — nefarium*. — **tu, Iuppiter —**: dieses Verbrechen (gegen *pietas* u. *fas*) fordert die Rache Jupiters, des Erhalters der Stadt, heraus; so fügt sich das obligate, abschließende Gebet elegant dem Gedankenverlauf ein; die Anrede ist unmittelbar an die Statue im Tempel, den Jupiter Stator, gerichtet. — **qui — quem — nominamus**: die Attributivsätze begründen die Rolle Jupiters als Rächers. — **isdem — auspiciis**: erklärt die innere Verbindung zwischen beiden (*ausp. = Vogelschau, Vorzeichen, Anfang*); *isdem:* etwas ungenau; als Stator wurde er von Romulus im Sabinerkrieg, also bald nach der Gründung der Stadt, angerufen, damit er die Flucht der Römer zum Halten brächte (vgl. Liv. 1,12,4 ff.). — **constitutus**: *const. jemd. einweisen, ansiedeln, etw. errichten;* der Tempel selbst wurde erst nach der Schlacht bei Luceria (264) errichtet, in der der Konsul M. Atilius noch einmal den Tempel gelobt hatte. — **Stator**: der Beiname zur Verdeutlichung der Situation, hier in einem ähnlichen Etymologieversuch (deshalb *vere*) wie Sen. de benef. 4,7 *qui non, ut historici tradiderunt, ex eo, quod post votum susceptum acies Romanorum fugientium stetit, sed quod stant beneficio eius omnia, stator stabilitorque est.* — **hunc — arcebis et — mactabis**: der Gott ist Schützer und Rächer; diese beiden Aufgabenbereiche des Gottes, die sich in zwei Descriptionen mit geläufigen Topoi (s. zu 1,12 *templa*) entfalten, schließen die Rede. —

a tuis: nicht nur von diesem Statortempel; der Gott war mit seiner speziellen Eigenschaft und als Herr des speziellen Tempels nur im Relativsatz angeführt, die Anrede dagegen war allgemein. — **ceterisque**: der anderen Gottheiten. — **tectis . . . ac moenibus**: mit dieser Polarität wird der Profanbereich der Stadt umrissen; noch einmal begegnet das moenia-Motiv, das die ganze Rede durchzieht. — **a vita fortunisque civium**: vgl. 1,9 *de nostro omnium interitu* . . ., 1,12 *vitam omnium civium* . . .; zur geläufigen Polarität *vita fortun.* vgl. auch zu 4,16 *virtute fortun.* — **bonorum inimic.**: vgl. z. B. 1,7 *caedem — optimatium* und 1,23 *secerne te a bonis.* — **hostes patriae**: s. 1,5 *hostium numerus* und 1,13 *hostem.* — **latrones Italiae**: s. 1,23 und 1,31. — **scel.** — **coniunctos**: pleonastisch; zur Sache vgl. 1,8 *complures* . . . und den Anfang von 1,33 u. 2,8. — **aeternis suppl.**: gewichtig mit der Polarität *vivos mortuosque* unterstrichen. — **mortuos**: wobei auf die Unterweltstrafen der großen Verbrecher im Mythos angespielt wird; in Wirklichkeit glaubt die aufgeklärte Gesellschaft, deren Weltanschauung von epikureisch-stoischem Gedankengut geprägt ist, nicht an ein persönliches Weiterleben im Jenseits; s. zu 4,7 *recordatur* ... *intellegit.* — **mactabis**: s. o. *arcebis;* das Futur als Ausdruck absoluter Gewißheit; s. 1,30 zu *exstinguetur . . .; mact.* ein starkes Schlußwort, das zum Jupiter *Feretrius,* der die Feinde *erschlägt,* paßt.

2

Die zweite Rede vom 9. 11. 63 ist vor dem Volk gehalten, nachdem die erste Rede insofern Erfolg gehabt hatte, als C. die Stadt verließ. Ihr kräftiger Ton ist auf die Zuhörer abgestimmt. Sie spiegelt namentlich im Anfang die erregte Hochstimmung wider, die der Erfolg bewirkte. Bald (bes. 12ff.) schleicht sich aber die bange Frage ein nach der invidia als der für Cic. persönlich gefährlichen Auswirkung seines politischen Erfolges. Der dritte Teil der Rede (17ff.) befaßt sich mit der Sorge darüber, daß die Mehrzahl der nicht faßbaren Verschwörer in der Stadt geblieben ist.

1. **Tandem aliquando:** wie ein Aufatmen; zu *tandem* vgl. 1,1 und zu *aliquando* 1,10 und bes. 1,18. — **furentem — minitantem:** eine immer konkreter werdende Klimax. — **scelus anhelantem:** bes. bildkräftige Metapher, wie ein Stier oder ein Untier (s. u. *monstrum atque prodigium*), jedenfalls kein Mensch. — **ferro flammaque:** die allit. Wendung variiert die Formel *ferro ignique.* — **(vel) — vel — vel:** *oder richtiger*; eine Antiklimax, die Ciceros Aktivität bewußt (vgl. zu 1,30 *sese eiecerit*) immer mehr abschwächt: *eiecimus — prosecuti sumus.* Auch der Plural, der wie ein plur. modestiae erscheinen soll, hat vornehmlich den Zweck, die Last der Verantwortung für das Geschehene zu verteilen. — **abiit — erupit:** Die Klimax stellt antithetisch zum Vorhergehenden C.'s Freiwilligkeit nachdrücklich fest (s. *ipsum egred. verbis prosec.* = Ciceros Worte der ersten Rede haben C.'s Entschluß nur bestärkt); bei *erupit* liegt wieder die Vorstellung vom wilden Tier vor; s. auch zu 2,2 *perculsum atque abiectum.* — **nulla — non — non:** die eindringliche Anapher der Negationen bei der Aufzählung der überwundenen Gefahren. — **monstrum atque prodigium:** von den Synonymen betont das erstere mehr das Aussehen, das letztere mehr die Wirkung auf die Menschen. Zum Begriff *prod.* s. zu 3,18 *nam.* Seinen ‚Instinkt-Haß' gegen C., der immer wieder durchbricht, kennzeichnet O. Seel a. a. O. 82 u. 107. — **moenibus:** die geläufige Metonymie für *urbs* hier wegen der Pointe *intra moenia.* — **hunc quidem unum:** im Ggs. zu den anderen, die noch nicht weg sind. — **sine controversia:** *ohne Widerrede.* — **inter latera nostra — versabitur:** ein kühnes Bild für C.'s Gefährlichkeit; *sica* (*illa* betont nachgestellt: ~ den er ja immer (s. zu 1,15 *stetisse — cum telo*) bei sich hatte) meton. für d. Träger der Waffe, der bei *versari* als Subjekt deutlich vor Augen steht. — **non in campo — parietes:** in der Figur der Distributio wird *inter latera* aufgegliedert, wobei *dom. parietes* deutlich auf 1,9 und 1,19 anspielt. — **loco movere:** t. t. der Fechtersprache: *aus der guten Stellung verdrängen;* s. zu 1,11 *petisti* und zu 1,15 *petitiones.* — **palam iam:** im Gegensatz zu früher. — **nullo impediente:** jetzt wagte keiner mehr den offenkundigen Staatsfeind (*cum hoste*) zu unterstützen (vgl. 1,30). — **homo:** verächtlich, nicht selten so gebraucht. — **cum —**

coniecimus: *cum* coincidens; *coniec.* hier etwas anders als oben *ex urbe eiecimus:* es handelt sich nicht um das umstrittene äußere Geschehen, sondern die bildl. Ausdrucksweise will besagen: wir haben ihn (durch unsere Rede) gezwungen, Farbe zu bekennen: *ex occult.* — *in apert.* — **latrocinium:** ist es von seiten C's, von seiten der Bürger ein *bellum iustum;* s. 1,27 u. bes. 3,17.

2. **Quod . . .:** Die Distributio veranschaulicht, daß er ohne Erfolg abziehen mußte. — **non cruentum mucr.:** im folgenden (*vivis nobis*) erklärt. — **egressus est:** und auch *non* — *extulit* als Auswirkung unserer Stärke, im nächsten Bild mit *ferrum* (geläufige Metonymie für *gladius*) — *extorsimus* erklärt. — **quanto maerore:** die geschilderten Ereignisse beziehen sich auf Catilinas Gefühlsreaktion, wobei *tandem* (s. u. a. zu 1,1) das Pathos der rhetorischen Frage noch steigert. — **adflictum et proflig.:** ebenso unten *luget;* das sarkastische Paradox, daß er das menschliche Empfinden von Trauer und Schmerz nur darüber zeigt, daß er nicht unmenschlich sein kann. — **iacet** — **sentit:** wie ein besiegter *gladiator;* vgl. 2,1 *loco* — *motus* u. 1,29 *gladiatori isti.* — **perculsum atque abiectum:** *zerschmettert und vernichtet* (*abiectum* der Fechtersprache entlehnt) wie ein Fechter oder richtiger — die Bilder gehen ohne Abgrenzung ineinander über, wie die Konjunktion *et* (*retorquet*) zeigt — wie ein gewaltiges (*urbem* — *e* — *faucibus;* das riesige Ausmaß gehört mit zum Pathos der Stelle) Raubtier (*retorquet oculos* ~ das blutrünstige Augenrollen). — **profecto:** er sieht es sozusagen deutlich vor sich. — **quae** — **laetari:** die Personifikation der Stadt, die den C. als schlimmes Gift erbricht (*tantam pestem evomuerit*). Die sich widersprechenden Bilder sind in lebhafter, surrealistischer Vorstellungskraft vermengt (*ex faucibus* — *evomuerit*). — **forasque proiecerit:** Die Stadt ist auch hier noch personifiziert, aber der Ausdruck interpretiert doch gleichzeitig das kühne Bild und leitet zu einer unbildlichen Redeweise zurück.

3. **Ac . . .:** von der pathetischen Darstellung des Geschehens zu seiner kritischen Beurteilung. — **si quis** — **accuset:** die fiktive (*si*) Unterstellung, er sei nicht hart genug gewesen (vgl. zu 1,27 *nunc* —), geschickt benutzt zur Abwehr des gegenteiligen Vorwurfs, der Überschreitung seiner Rechtsmittel; gegen den letzteren Vorwurf richtet sich 2,12ff. — **quales omnes . . .:**

eine behutsame Umschreibung dafür, daß viele genau entgegengesetzter Auffassung waren; s. unten 2,3. — **oportebat:** hätten wirklich alle so wie der fiktive Ankläger gedacht, dann hätte er keine *invidia* zu fürchten brauchen, dann hätte er C. nicht hinauszukomplimentieren brauchen, sondern mit ihm gleich kurzen Prozeß machen können; s. 2,4 A. — **exsultat et triumphat:** die Synonyme passen zu dem exaltierten Stil, in dem die Personifikation von *oratio* kaum noch auffällt. — **capitalis:** *den Kopf, das Leben betreffend, tödlich; hostis. c. Todfeind.* — **emiserim, non est . . .:** eine Ellipse wie *so erwidere ich* begegnet namentlich bei einem *si*-Satz gern. — **culpa — temporum:** vgl. 1,2 *o tempora.* — **interfectum . . .:** wörtliche Anklänge an Stellen der ersten Rede und gedankliche Parallelen zu 1,2 ff., vgl. bes. zu *mos maiorum* und *severitas* 1,12. — **huius imp.:** ebenso 1,12; die dem Konsul eigene Machtbefugnis. — **et grav. suppl. affectum:** unterstreicht die Legalität, die in *interfectum* nicht enthalten ist. — **quam multos:** in der rhetorischen Frage geläufiger als *quot;* die sinnfällige Anapher (viermal *quam mult.*) und überhaupt die Fülle des Ausdrucks ist Ausfluß des starken Pathos; das zweite Satzpaar variiert jeweils, um die Motive *propter stult.* u. *propter improb.* erweitert, das erste nur leicht. — **non crederent** u. **defenderent:** vgl. 1,30 die *imperiti* u. die *improbi.* — **ac si . . .:** derselbe Gedanke wie 1,29 *ego si . . .*, nur nicht so argumentierend, sondern mehr schlagwortartig für die Masse. — **a vobis:** dient der captatio benevolentiae; 1,29 heißt es sachlicher *optimum factu;* ebenso ist hier die Gefahr der *invidia* durch die Gefahr für das Leben pathetisch übersteigert.

4. **Sed cum viderem . . .:** Das immer wiederkehrende *invidia*-Motiv, das gewiß der Sorge um seine Person entspringt, ist jeweils der Situation angepaßt: Will er seine Zuhörer zu energischem Handeln mitreißen, zeigt er nur seine Verachtung vor solcher Gefahr (z. B. 1,22; 29. 2,15. auch 4,9); an anderen Stellen bittet er wegen seiner Verdienste, bes. aber im Interesse des Staates um Schutz vor dieser Gefahr (3,28; 4,20 ff.) nicht ohne gleichzeitig den Topos der Todesverachtung einzuflechten. Hier stellt er heraus, daß die Eleganz seines Vorgehens ebenfalls aus Staatsraison bisher jeglichen Anlaß zur *invidia* mied; s. auch zu 1,20 *refer.* — **ne vobis quidem — probata:** „in einer Zeit,

wo auch ihr noch nicht alle von der Sache (dem Bestehen einer Verschwörung) überzeugt waret" (Halm-Laubmann z. St.). Also nicht nur im Senat konnte man andere Ansichten als die Ciceros antreffen. Die der captatio dienende Floskel *ne — quidem* soll der Urteilsfähigkeit der Masse im Ggs. zu vielen Senatoren ein Lob ausstellen; *vobis:* dat. auct. — **probare:** *billigen, als solche anerkennen, erkennen.* — **etiam tum:** die Zeit gleich nach dem Senatsbeschluß v. 22. 10. im Ggs. zu *iam pridem* des vorhergehenden Satzes. — **fore ut — non possem:** die Umschreibung für den fehlenden inf. fut. von *posse.* — **palam — aperte:** der auch aus der ersten Rede schon bekannte Gesichtspunkt; vgl. zuletzt 2, 1 *palam — cum hoste* und *in apertum.* — **quam vehementer — timendum:** die ironische Antwort auf den Vorwurf 2, 3 *quod — emiserim,* was unter den gegebenen Umständen (s. zu 2, 3 *oportebat*) schon das richtigste war. — **Quirites:** die bisher in jedem Paragraphen wiederkehrende Anrede wirbt sehr um die Zustimmung seiner Zuhörer. — **parum comitatus:** wird in der folgenden Darstellung erläutert (das part. pf. des Deponens *comitatus* hat hier passive Bedeutung). — **suas copias:** verächtlich, wie aus dem Folgenden hervorgeht. — **Tongilium . . .:** in echt römischer Manier werden Individuen namentlich angeführt, wo der Typus gemeint ist, hier der der Unbedeutendheit, wie aus dem verächtlichen *popina* (= *Garküche, Kneipe,* wo sich der Pöbel aufhält) und *nullum — motum* hervorgeht. — **mihi:** der dat. eth. zeigt im allgem. umgangssprachl. Färbung; er beruht auf einer gewissen Vertrauensseligkeit und Intimität, die hier natürlich ironisch ist und die belustigende Ungefährlichkeit dieser Gesellschaft unterstreichen soll. — **quem — quorum:** die attribut. Relativsätze sollen die genannten Individuen sogleich hinsichtlich ihres Wertes knapp charakterisieren. — **in praetexta:** nicht die p. des höheren Beamten, sondern die purpurgestreifte, die jeder Knabe bis zur Mannbarkeit trug; er ist also ein Lustknabe; mit derartigen Vorwürfen war man schnell bei der Hand, um jemand zu diffamieren: s. auch 2, 7 zu *concipere.* — **aes alienum contr.:** *Schulden machen.* — **motum afferre:** vor Schuldnern aus diesem unbedeutenden Milieu brauchte der Staat keine Angst zu haben; vgl. dag. 2, 19 — **reliquit quos viros . . .:** heftig (= asyndetisch) adversativ, mit betonter chiastischer Stellung zu *Tongil. eduxit* und Emphase *quos — quanto — quam — quam;* der Satz ist natürlich von beißender Ironie. — **quos viros**: was für „Helden“ (s. 2,5 *deserere — exercitum*) müssen dann erst die sein, die nicht mitgezogen sind. — **quanto aere alieno**: die Ironie geht nicht gradlinig weiter, sondern schlägt in „Bewunderung“ für das Ausmaß ihrer Schulden um. Das weitverbreitete Übel der Verschuldung war eine Folge des ehrenamtlichen Charakters der politischen Tätigkeit. Dieser Mißstand zog schlimmere Laster wie Ausbeutung der Provinzen, Bestechlichkeit (s. 1,18 *vex. dirept soc.* und *evinc. perfring.*) und Umsturzpläne (2,18ff.) nach sich. — **quam valentes**: Waren die, die in der *popina* Schulden machten, nicht in der Lage, *rei publicae motum afferre*, so sind diese durch die Größe ihrer Schulden tatsächlich stark, wie negative Potenzen; vgl. auch unten (2,5) *quos video — etiam in senatum venire.* — **quam nobiles**: spielt ironisch auf ihre Dandyallüren (2,5) *quos video volitare etc.* an. Der Spott und die Ironie ihnen gegenüber gelingt nicht ganz, weil sie, wie 2,5 zeigt, wirklich gefährlich sind.

5. **Itaque ...**: die Konsequenzen, die Cic. aus dem Charakter dieser beiden Gruppen zieht. — **illum exercitum**: zuerst also die, die schon in der Gallia Cisalpina standen. — **hoc dilectu, quem — habuit**: Ende Oktober war der Prätor Q. Metellus, dem Cic. die Provinz Gallia citerior abgetreten hatte, wegen der Aufstandsgefahr dorthin geeilt und hatte dort mit angemessenen Gegenmaßnahmen begonnen; *hoc*, da in diesen Tagen erst erfolgt. — **a nobis**: von uns hier in der Stadt. — **cottidie comparantur**: seitdem der Senat den Konsuln am 22. 10. die diktatorische Vollmacht erteilt hatte, alle geeigneten Maßnahmen zur Rettung des Staates zu ergreifen; Cic. stellte sofort eine schlagkräftige, zuverlässige Mannschaft auf; vgl. auch 1,7 *meis praesidiis;* ebenso erhielten auch die Prätoren für ihre Gebiete die Vollmachten, die nötigen Truppen aufzustellen. — **collectum**: Weit von *exercitum* getrennt, bildet die beschreibende Apposition als das Wichtigste den Schluß des Satzes. — **ex senibus desp.**: die sullanischen Veteranen. — **ex agrest. luxuria**: abstr. pro concreto. — **ex rust. decoctoribus**: *Bankrottierer.* Dies ist der stärkste Ausdruck dieser Variationen. Der Bankrott

als Folge der *luxuria* erklärt auch *desperati.* Eine ausführliche Darstellung dieser Entwicklung s. 2,20. — **vadimonium deserere:** *vades Bürge;* im Zivilprozeß mußte der Angeklagte durch Stellung einer Bürgschaft sein Erscheinen zusagen (*v. promittere*); erschien er nicht (*vadim. deserere*), so riskierte er sein Vermögen. Wer das tat, hatte wie die zuvor Genannten wohl so gut wie nichts mehr zu verlieren und paßte also gut in dieses Heer; *deserere* ist mit den beiden so verschiedenen Objekten nach Art eines Zeugmas in geistreicher Manier verbunden; noch ausgeprägter setzt sich das im folgenden *concident* fort. — **edictum praetoris:** der Praetor urbanus gab zu Beginn seines Amtsantritts bekannt, in welcher Weise er die vorliegenden Gesetze auszulegen und anzuwenden gedachte; hier ist natürlich besonders an seine Verfahrensweise gegenüber Schuldnern und solchen, die ihr *vadimonium* im Stich gelassen hatten, zu denken. — **quibus — si:** = *si iis;* sog. relat. Verschränkung. s. u. *qui si* — **volitare in foro:** (im Gegensatz zu *versari in f.* von der politischen Betätigung) vom *Sichherumtreiben,* ähnl. das folgende *stare* (∼ *Eckensteher*). — **in senatum venire:** die Verschwörer unter den Senatoren. — **nitent ung.:** als Zeichen der Geckenhaftigkeit und Unmännlichkeit. — **fulgent purpura:** die Purpurstreifen der Senatoren und Ritter waren von sehr unterschiedlicher Stoffqualität. *fulg.* hier verächtlich von solchen, die unmännlichen Luxus darin betreiben. — **suos milites:** ironisch, da sie als unmännlich hinreichend charakterisiert sind. — **mallem:** als *pertimescendos,* zu dem sich das unmittelbar vorausgehende *qui — deseruerunt* paradox verhält: der offene Gegner im Feld ist nicht so gefährlich wie der getarnte in der Stadt (wobei *permanent* boshaft als *deseruerunt* ausgelegt wird). — **atque hoc ...:** begründet ihre Gefährlichkeit damit, daß sie sich vor dem Konsul offensichtlich nicht fürchten. — **quid cogitent, me scire:** im folgenden ausgeführt.

6. **Video, cui ...:** Die Andeutungen sollen besonders bedrohlich wirken; vgl. 1,9 *hic, hic sunt* und andererseits die Namennennungen 3,14 und Sall. Cat. 27,1. — **cui — Apulia:** s. 3,14; die große Zahl der Sklaven, die die dortigen Latifundien bewirtschafteten, stellte einen starken Rückhalt für die Revolutionäre dar. — **quis agrum Picenum, quis Gallicum:** ist nicht be-

kannt. — **attributa** — **habeat** — **depoposcerit**: eine Klimax vom Passiven zur Aktivität. — **omnia** — **consilia**: geht auf die Konferenz im Hause des Laeca. — **superioris noctis**: s. zu 1,1. — **patefeci . . .**: asyndetisch und bedeutsam vorangestellt. — **Catilina . . .**: asyndetisch statt eines Konsekutivverhältnisses: das Gewicht der Tatsachen spricht für sich. — **pertimuit, profugit**: die allit. Komposita sind intensiv. — **ne**: = gr. ναί, *fürwahr*, die Erregung entlädt sich in der starken Beteuerungspartikel. — **illam meam pristinam lenitatem**: Das Pronomen weist darauf hin, daß diese seine Tugend bekannt ist (s. zu 4,11 *a crudel. vitup.*); das Adjektiv (*pristin.* = *bisherig*) grenzt sie gegen ihr maßloses Zerrbild (*perpetuam*) ab. — **quod exspectavi . . .**: s. oben 2,4 *aperte*. — **nisi vero si quis est, qui**: (= *nisi vero* (bzw. *forte*) *quis*) in dieser Abundanz drückt sich die völlige Abwegigkeit des Gedankens aus, wie sie auch in dem paradoxen Wortspiel *Catilinae* — *cum Catilina* pointiert zum Ausdruck kommt; *coniurationem* ist durch *cum Cat. sentire* umschrieben; die Tatsache *factam esse* — *coniur.* also evident. — **res ipsa**: setzt sich mit ihrer *severitas* gegen seinen Charakterzug der *pristina lenitas* durch; s. zu 4,11 *quis* — *mitior.* — **unum . . .**: asyndet.; nur ein Ausweg bleibt noch in diesem Widerstreit von *lenitas* und *res.* — **exeant, proficisc.**: das erste (*weg von uns*) ist sachlich, das zweite (*hin zu . . .*) affektisch, wie in dem *ne*-Satz mit der beißenden Ironie einer sentimentalen Fürsorglichkeit klar wird. — **demonstrabo . . .**: seine „Hilfsbereitschaft". — **Aurelia via**: führte vom Ianiculum im Westen Roms längs der Westküste Etruriens nach Pisa. Catilina hatte diesen Weg gewählt, um das Gerücht, er gehe nach Massilia in die Verbannung, zu stützen. — **si . . .**: ironischfreundlich zuredend. — **accelerare**: *sich beeilen.* — **ad vesperam**: seltener als *ad vesperum.*

7. **O fortunatam . . .**: Mit Ironie kann er seine Erregung bei der Erwähnung Catilinas nicht mehr zügeln; so macht er sich in dem Ausruf (acc. exclam.) Luft. — **si quidem**: kausal = „*da ja*"; der urspr. Bedingungscharakter ist ganz zurückgedrängt. — **hanc sentinam**: zum Bild s. 1,12; vgl. auch 1,10 *purga urbem*; wer gemeint ist, bedarf einer Verdeutlichung: *Catilina exhausto*, wobei *exh.* die drastische Identifikation *Catilina*

= *sentina* (statt eines Vergleichs) herstellt. — **eiecerit:** der Staat, nicht etwa Cicero selbst, hat es getan; s. zu 1,30 *sese eiecerit.* — **uno — Catilina:** seine zentrale Figur wird im folgenden behandelt, bis die Abhandlung ringmotivartig 2,10 A zu seinen *comites* zurückkehrt. — **mehercule — videtur:** in der Beteuerung *meherc.*, in den klangvollen, gesperrten Synonymen *lev.* — *recreat.* und dem Herausstellen seiner Ansicht *mihi — videtur* klingt doch selbstbewußte Genugtuung über seine (s. dag. oben *eiecerit*) Leistung durch; zu *lev.* vgl. 1,31. — **mali aut sceleris:** Das Thema der nachfolgenden Descriptio mit ihrer sinnfälligen Anapher *quis* ... — **concipere:** *begehen, verüben, auf sich laden.* Die moralische Diffamierung ist üblicher politischer Kampfstil; vgl. 2,4 *amare in praetexta.* (Wie wenig sie sachlich begründet zu sein braucht, kann die sehr positive Beurteilung Catilinas durch Cicero in der Rede pro Caelio (12 ff.) verdeutlichen). Allerdings scheint einiges in dieser Richtung bei Catilina nicht bezweifelt werden zu können; vgl. auch seine Charakterzeichnung Sall. Cat. 15f. — **veneficus ...:** um ein lebendiges Bild zu erhalten, wird zu jedem speziellen Verbrechen der spezialisierte Berufsverbrecher genannt; besonders auffällig wirkt das bei den vermutlich ad hoc gebildeten Verbalsubst. auf. *-tor* — **testam. subiector:** *Unterschieber, Fälscher.* — **circumscriptor:** *Betrüger,* der Schriftstücke fälscht, *Scheckfälscher.* — **nepos:** *Enkel, Neffe,* daraus abgeleitet *Verschwender* (von dem leichtsinnigen Neffen des reichen Onkels, einer typischen Figur der Komödie). — **quae mulier:** eine auffallende Unterbrechung der Anapher; durch *adulter* assoziiert, ist die Erwähnung der Frauen doch kennzeichnend für die bedeutende Rolle, die sie in dieser Verschwörung spielen; vgl. Sall. Cat. 24,3f. — **quae caedes ...:** nun Catilinas direkte Hilfe bei Verbrechen, von denen die bezeichnendsten *caedes* und *stuprum* sind. — **per hosce annos:** s. zu 1,18 *aliquot annis.* — **sine illo:** durch das stärkere *non per illum* variiert.

8. **Iam vero ...:** führt die vorhergehende Behauptung in Verbindung mit der Verführung Jugendlicher aus (vgl. 1,13 *cui tu adulescentulo* ...). — **qui ...:** erklärt *illecebra.* — **turpissime ... flagitiosissime:** die Superl. dienen nicht der Übertreibung, sondern sind zur eindeutigen Kennzeichnung des

Sachverhalts erforderlich. — **fructum libid.** — **mortem parentum**: die Breite seines Betätigungsfeldes. — **nunc vero . . .**: Gegensatz zu *per hosce annos:* von seinen früheren Verbrechen zu dem jetzigen, das sich damit folgerichtig aus seinem Charakter ergibt. — **quam subito . . .**: am 27. 10. hatte C. Manlius den Aufstand in Faesulae begonnen, der das Signal für ähnliche Aktionen im Süden, in Apulien u. Capua, war. Das ppf. hebt die Schnelligkeit seines Handelns hervor. — **angulo**: geringschätzig gegenüber *Romae.*

9. **Atque . . .**: einen neuen Gesichtspunkt einführend, *diversa studia in dissimili ratione* (*ratio = Bereich, Gebiet*)*;* daß es sich bei *divers.* — *dissim.* nicht nur um einen Pleonasmus handelt, zeigt seine antithetische Charakterisierung Cic. Cael. 12ff.; hier ist Cic. nicht so ausführlich, da alle Gegensätzlichkeiten im negativen Bereich bleiben sollen, wie der Mißbrauch seiner *Fähigkeit* (*virtutis*) zeigt — **possitis**: mit geläufiger Ellipse eines Verbums des Sagens, s. zu 2,3 *emiserim, non est* . . . Die letzte Anrede war bei 2,6 *vos.* — **ludus glad.**: die *Fechterschule*, die sich aus Sklaven und Gesindel zusammensetzte; daher *ad facinus aud.* — **audacior**: der Komparativ mit *paulo* (s. u. *levior et nequior*) mit der affektsprachl. Unterdrückung des Vergleichs findet sich auch im Deutschen. — **levior**: (das Synonym *nequior* (der Positiv *nequam* ist indecl.) ist kräftiger). Dem Schauspieler (meist Sklaven oder Freigelassene) fehlt grundsätzlich die *gravitas* des röm. Bürgers. — **prope**: *gewissermaßen*, um den Begriff *sodalis* abzuschwächen u. als übertragen (= *beinahe wie*) zu kennzeichnen; *sodalis* stellt nämlich als fester t.t. (= *Mitglied einer sakralrechtl. oder polit. Korporation*, eine enge Form der Verbundenheit bezeichnend) gegenüber dem rein auf subjektiver Zuneigung beruhenden *intimus* (oben) eine große Steigerung dar. — **fuisse commemoret**: s. 2,7 *vixisse fateatur;* die Vergangenheit besagt: er hat sie in ihrer Jugend (vgl. zu 2,4 in *praetexta*) zuerst angestiftet und verdorben. — **atque . . .**: ein weiterer Beleg für seine unterschiedlichen Charakterzüge (*virtus-libido*), die geistreich so miteinander verknüpft sind, daß gute Fähigkeiten, bei der Ausführung von Verbrechen mitentstanden, wieder zum Schlechten mißbraucht werden; vgl. 1,26. — **tamen** — **cum**: der Konzessivsatz setzt die Bewertung (*fortis*

praedicabatur) durch dieses Gesindel (*ab istis*, geringschätzig) in Gegensatz zu der richtigen, die emphatisch unterdrückt ist.

10. **Hunc vero . . .**: Nach dem Exkurs über Cat. (2,7–2,9) zurück zu den *comites*. — **sui comites**: betont gestellt. — **erunt — exierint**: noch ist es nicht so; daher der leidenschaftliche Ton bei dem nunmehr zum Trikolon angewachsenen exclamativus *o nos beatos* . . . — **nos beatos**: *wir Individuen, wir Menschen*. — **rem publicam**: der Staat als Gebilde sui generis. — **laudem cons. mei**: geschickt angeschlossen, da auf ihm als dem letzten Glied ein besonderer Ton liegt. Das Lob will er für sich haben, die *invidia* dagegen tunlichst meiden (s. zu. 2,7 *eiecerit*); so heißt es hier *secuti erunt — exierint*, ohne daß von irgendeinem Zwang die Rede ist. — **non enim iam . . .**: sehr erregt; vgl. die Häufung der Negationen (*non — non, nihil — nisi — nisi — nisi*); *non iam* erweckt die Erwartung, daß der Grund für diese Änderung angegeben wird: s. u. *nuper*. — **libidines — audaciae**: wie bei Catilina 2,9 E die eng zu einem Komplex verschlungenen Triebkräfte für ihre Gefährlichkeit. — **nihil — obligaverunt**: gibt in asyndetischer Reihung den lückenlosen Kausalzusammenhang zwischen *audacia* und *libido* an: *caedes* und *incendia* (s. zu 1,3 *caede atque incendiis*) der *rapinae* wegen, da das eigene Vermögen durch die *libidines* vertan, aber die *libido* noch nicht gestillt ist: *eadem — permanet*. — **patrimonia — fortunas**: Synonyme, wobei *patr.* hervorhebt, daß sie sich diese nicht selbst durch eigene *virtus* erworben haben. — **obligaverunt**: *verpfänden*. — **res — coepit**: *res* sc. *familiaris;* verschuldet sind sie schon lange, aber neuerdings erhalten sie keinen Kredit (*fides*) mehr; *nuper* d. h. seit Catilina wieder bei der Bewerbung um das Konsulat durchgefallen ist; vgl. für Cat. selbst zu 1,14 *ruinae fortunarum;* auch Sall. Cat. 5,7 führt als Motiv für Catilinas Umsturzpläne die wirtschaftliche Notlage (*inopia rei familiaris*) an. So bleibt ihnen nur der Ausweg der Gewalt. — **quod si — hoc vero**: einer schlimmen Irrealität wird die schlimmere Wirklichkeit gegenübergestellt. — **in vino et alea**: zwei symptomatische Äußerungen des Müßiggangs. — **comissatio**: (*fröhlicher Umzug* [aus gr. κῶμος] und damit verbundenes) *nächtliches Gelage*. — **scorta**: vgl. 2,23 — **desperandus**: *einer, an dem man verzweifeln muß*, hinsichtlich seiner eigenen Besserung

(s. 2,11 *quos — sanare non potest*). — **ferendi:** so könnte die Gesellschaft sie *ertragen.* — **hoc vero ...:** die Wirklichkeit ist, wie die Descriptio bes. in dem letzten Beispiel der Klimax, *dormientes vigilantibus*, zeigt, paradox und schlechterdings unerträglich. — **inertes — fortiss.:** bestimmen sich gegenseitig: *schlaff — tatkräftig*, die Prädikationen sind teilweise etwas befremdlich: *iners* und *ebriosus* verstehen sich freilich aus dem Vorhergehenden — *stultissimos*, *dormientes* stehen wohl einfach als Gegenbegriffe, wobei der Plural *prudent.* und *vigilant.* eine Art plural. modestiae ist oder, eher noch, eine Verallgemeinerung seiner persönlichen Erfahrung darstellt; namentlich bei *insidiari vigilantibus* ist der Hinweis auf die Ritter, die ihn ermorden wollten, nicht zu verkennen; s. 1,9. — **qui ...:** ein sehr anschauliches Bild, das die enge Verbindung von *libido* und *audacia* zeigt. — **mihi:** dat. eth. s. zu 2,4 mihi. Daß die Glieder teilweise chiastisch, teilweise parallel gebaut sind, wirkt sehr lebhaft. — **eructant ...:** (*eructant ... caedem ... incendia* geht auf *vino languidi, conferti cibo*) eine besonders drastische Metonymie, die durch *sermonibus suis* verdeutlicht ist. — **accubantes:** beim Gastmahl lag man aufgestützt auf einen Ellenbogen. — **sertis red., unguentis obliti:** malt die bacchantische Atmosphäre.

11. **Quibus ego ...:** ihr Treiben schreit nach Vergeltung. – **fatum aliquod:** wird sogleich durch das konkretere juristische *poena* verdeutlicht. — **sceleri:** geht in diesem Zusammenhang (wie auch sonst nicht selten) nur auf die Gesinnung (= *Ruchlosigkeit;* vgl. 1,18; 2,25; 4,20), nicht etwa auf eine Tat. — **aut — aut:** er will sich mit seiner Prognose nicht so festlegen: so drückt *certe appropinquare* (im Gegensatz zu *palam instare*, dem offensichtlich unmittelbar Bevorstehenden) nur die subjektive Gewißheit einer einmal doch eintreffenden Strafe aus. — **quoniam sanare ...:** s. zu 2,10 *desperandus* und zum Motiv *sanare* 2,17 *medicinam.* — **propagarit:** fut. II statt fut. I oft (bes. wenn im zugehörigen konditionalen Nebensatz fut. II steht), um eine zukünftige Handlung (weil als schon vollendet ausgedrückt) als sicher und schnell eintretend hinzustellen. — **propagare:** *erweitern, verlängern; rei publicae saecula pr.* (seltener) = *rem publicam in saecula pr.* — **enim:** begründet (es ist das

letzte, was noch zu tun bleibt) in der Form von Gegenbild (*nulla — pacata*) und Bild (*domesticum bellum manet* ...). — **nulla — natio — nullus rex**: eine geläufige (geringschätzige) Polarität für die Gebilde fremder „Staaten", die keine in Recht und Freiheit fundierte „res publica" darstellen. Die Relativsätze variieren. — **omnia — externa**: asyndetisch, faßt die Negationen positiv zusammen; zur Sache s. 4,21 f. — **unius virtute**: mit emphatischer Periphrase für Pompeius. — **intus — hostis**: die anaphorisch eingeführte Commoratio vertieft den Begriff *domesticum bellum*. — **cum luxuria — certandum est**: eine Klimax; hinter der betonten (anaph. *cum*) Verwendung dieser Begriffe verbirgt sich die alte Theorie, daß das Fehlen von Krieg unabwendbar das Aufkommen des Lasters im Innern bedeutet. Aber im Gegensatz etwa zu der pessimistischen Haltung des Historikers Sallust zeigt der Politiker Cicero natürlich gute Zuversicht, daß er dieser Feinde Herr werden kann. — **huic — profiteor**: die metaph. Verwendung von *bellum* ist auch auf anderen Gebieten sehr geläufig. — **Quirites**: die Anrede stellt sich bei *prof.* spontan ein. — **suscipio inimicitias**: die Nachteile nimmt er hin, vgl. z. B. 1,22 *sed est tanti* u. 2,15 *est mihi tanti*. — **quae** ...: er wird aber so die Initiative behalten, wie es am besten das Bild vom Arzt gegenüber dem Kranken (vgl. 1,31) ausdrückt; er wird auch vor drastischen Maßnahmen (*quacumque ratione*), auch vor dem Äußersten, dem *resecare*, nicht zurückschrecken, um den Staatsorganismus vor dem Verderben zu retten. — **et in urbe et in eadem mente permanent**: ein pointiertes Zeugma.

12. **At** ...: ein neuer Abschnitt beginnt: Im Gegensatz zu dem möglichen Einwand (2,3 *si quis est*), daß er mit Catilina nicht streng genug verfahren sei, *auch* (*etiam*, was also sehr geschickt abschwächt) noch ein wirklicher Vorwurf (*sunt, qui dicant*), daß er seine Kompetenzen C. gegenüber (s. zu 1,30 *sese eiecerit*) überschritten habe. — **Quirites**: die Anrede dient dazu, die Bürger auf die Ungeheuerlichkeit der Behauptung hinzuweisen. — **a me — esse**: diese Behauptung sucht er zuerst mit Ironie, sodann mit ernsten Argumenten zu widerlegen. — **quod ego — verbo**: vgl. *verbis prosec.* zu 2,1 *abiit — erupit;* der sg. ist hier mit Vorbedacht gewählt, um die Geringfügigkeit

des Anlasses zu betonen: „*mit einem bloßen Wort*"; er will sagen: gewiß ist er aufgrund meiner Rede, meiner Enthüllungen gegangen, aber er ging nicht unter Gewaltanwendung, so daß *a me eiectum* absurd ist, wie das ironische *istos ipsos eicerem* zu verstehen gibt. — **haec**: emphatisch *solche Lügen*. — **enim**: begründet ironisch (*videlicet*) *verbo assequi* . . . — **timidus**: s. dag. 2,9 *fortis* u. 2,13 *audacissimus;* andererseits aber auch 2,6 *patefeci — pertimuit; profugit; aut etiam* steigernd, da *permod.* (oft mit *parere* verbunden = *folgsam*) eine positive Eigenschaft ist. — **vocem**: noch weniger als *verbum.* — **iussus est, paruit . . .**: nicht nur *simul atque,* sondern erst recht diese Begriffe sind ironisch. Wie das *iubere* u. *parere* in Wirklichkeit aussah, zeigt 2,13 *quaesivi, quid dubitaret;* vgl. 1,13 *non iubeo, sed — suadeo* u. 2,14 *ille — se — in haec castra conferet.* — **Quid?**: ∼ *was sage ich da?* leitet zum ernsthaften Bericht über. — **cum — paene interfectus essem**: der Konj. im Kausalsatz; bei *paene* steht sonst ziemlich regelmäßig der ind. pf.; zur Sache s. 1,9f. — **rem omnem**: *den gesamten Plan,* der im Hause des Laeca besprochen worden war. — **aedem Iovis Stat.**: s. zu 1,33 *constitut.* u. *Stator.* — **ad patres conscriptos**: als Variatio zu *senatus;* der Ausdruck ist im Vokativ technisch, in den übrigen Kasus vergleichsweise selten. Die Erscheinung des Asyndetons ist altital. ererbt und findet sich im vorklassischen Latein und in der Kurialsprache relativ oft. — **cum Cat. venisset**: sicher im letzten Augenblick; s. zu 1,16 *paulo ante.* — **appellavit — aspexit**: eine Klimax mit Anapher in rhetorischer Frage, sehr lebhaft. *aspexit* ist durch seine Objekte noch einmal gegliedert. — **ut perd. civem**: ∼ ein Blick der Verachtung. — **ut importunissimum** (*brutal, rücksichtslos*) **hostem**: ∼ ein Blick der Angst und des Entsetzens; diese indirekte Andeutung ihres Mienenspiels ist rhet. sehr wirkungsvoll; Cic. unterstellt ihnen so den wichtigen Begriff *hostis.* — **quin etiam principes**: die Konsulare im Gegensatz zu *quis — senator;* zur Sache und zum Wortlaut vgl. 1,16.

13. **Hic**: *hier erst,* nachdem der ganze Senat unzweideutig Stellung bezogen hatte. — **vehemens — eicio**: mit ironischer Übertreibung (die Verallgemeinerung *cives* u. *eicio* = *jeden und* (praes. =) *immer* u. wieder der sg. *verbo*) sucht er den Vorwurf ad absurdum zu führen; in diesem Zusammenhang begegnet

eicio zum erstenmal in der 1. pers., s. zu 1,30 *sese eiecerit.* — **quaesivi**: unmittelbar neben der boshaften Lüge die harmlose Wirklichkeit. Natürlich ist die ironische Doppelfrage so präzise, daß sie in Wirklichkeit ein „Auf-den-Kopf-Zusagen" ist. — **in nocturno conventu . . .**: s. 1,6; 8f. — **audacissimus — convict.**: Das logische Verhältnis ist konzessiv; es wirkt ohne entsprechende Partikel prägnanter. — **conscientia**: (ist betont durch die Alliteration *consc. conv.*) Cicero deutet das Verstummen Catilinas, das Ausdruck seiner Betroffenheit über die Entdeckung ist, natürlich gleich in Schuldbewußtsein um, wozu Catilina gewiß keinen Anlaß sah; vgl. 1,22 *te ut ulla res frangat?*, vgl. aber auch 3,11 *quanta conscientiae vis esset, ostendit* (sc. *Lentulus*). — **primo retic.**: gleich zu Anfang meiner Enthüllung verstummte er (ingressiv). Bis dahin hatte er trotz der eindeutigen Stellungnahme des Senats sich keineswegs passiv verhalten; vermutlich ist also die erste Rede eine Entgegnung auf irgendwelche Äußerungen Catilinas; vgl. zu 1,20 *refer.* — **patefeci cetera**: als er die Wirkung seiner ersten Mitteilung sah, stieß er sogleich nach. — **quid — quid — quem**: in drei asyndetischen indirekten Fragesätzen erfolgt eine Aufgliederung von *cetera;* die Descriptio geht aber noch weiter: er gefällt sich darin, mit diesen detaillierten Andeutungen seine ausgezeichnete Information auch vor dem Volk hervorzukehren; vgl. 1,9; 1,24. — **ea nocte**: s. o. *in noct. conv. apud M. Laecam* . . . = 5./6. 11. — **in proximam const.**: die nächstfolgende Nacht = 6./7. 11.; gemeint ist die Planung des Attentats auf Cicero, s. zu 1,1 *proxima* u. *superiore;* vgl. aber zur Chronologie auch zu 1,9 *pollicerentur.* — **ratio totius belli**: eine solch eindeutige Feststellung, daß es sich um ein *bellum* handelte, konnte Cic. erst machen, als Cat. die Stadt verlassen hatte. — **cum haesitaret, cum teneretur**: (das letztere stärker ~ *reticere*) Er fand die Sprache nicht wieder; so fuhr Cic. ironisch fort. — **iam pridem**: stark übertreibend; der Plan war erst bei der nächtlichen Zusammenkunft im Hause des Laeca gefaßt worden. — **cum — scirem esse praemissam**: eine Descriptio, die mit den vielen Anaphern den Eindruck umfangreichster Planung erwecken und ein anschauliches Bild vor der Volksversammlung malen soll; vor dem Senat (s. 1,24) ist er knapper und erwähnt nur die *aquila* mit dem historischen Hintergrund, der dagegen in dieser rein anschaulichen Aufzählung fehlt. Die Insignien waren seiner Vorausabteilung mitgegeben. Auch die Entsendung dieses Vorkommandos war erst im Hause des Laeca beschlossen worden. — **secures** — **fasces**: als Insignien für die konsularische Gewalt sind sie ein eindeutiges Zeichen für den Hochverrat. — **tuba**: ein gerades, langes Blasinstrument (*Trompete*), auf dem im Lager Alarm und in der Schlacht das Zeichen zum Angriff und Rückzug gegeben wurde. — **signa militaria**: *die Befehlswerkzeuge*, mit denen die visuellen Kommandos gegeben wurden. Diese *signa* sind gleichzeitig Palladium. Ihr Schutz ist Ehrensache, und sie stellen eine besonders wertvolle Beute dar. — **aquila illa**: s. 1,24.

14. **In exsilium eiciebam** ...: Nach der Darlegung des wirklichen Sachverhalts wieder das ironische Aufgreifen der Behauptung (2,12 A) unter Anführung weiterer Gegenargumente. Sodann Übergang zu Klage und Entrüstung (*o condicionem* ... acc. exclam.) über die Falschheit und Heuchelei, die sich hinter der Anschuldigung verbirgt. — **eiciebam**: impf. de conatu, der Gegensatz ist *ingressum in bellum*. Der Widersinn der Unterstellung wird durch die Aktionsart der Tempora ausgedrückt. Das Problem *eicere* — *egredi* wird im zweiten Teil von 2,14 unter der unwahrscheinlichen Voraussetzung, daß Cat. wirklich in die Verbannung geht, behandelt. — **etenim credo**: die ironische Begründung der Behauptung, die die rhetorische Frage des vorhergehenden Satzes enthält. — **iste centurio, qui** ...: verächtliche Antonomasie für Manlius, s. 1,10. *Centurio* (~ Feldwebel) war er unter Sulla gewesen; s. 2,20. — **et** — **et**: der anreihende Stil imitiert die umlaufenden Gerüchte (*ut aiunt*). — **Massiliam**: vgl. zu 2,6 *Aurelia via* u. 2,16; Sall. Cat. 34,2 *Catilina ex itinere ... litteras mittit, se ... Massiliam in exilium proficisci* ... — **O condicionem miseram** ...: Die übersteigerte Ironie schlägt mit der Exclamatio in ernstes Pathos um (vgl. zu 2,7 *o fortunatam* und auch zu 2,12 *quid*); vgl. 3,27 *non eadem* — *condicio* und 4,22 *condicio melior externae victoriae*. — **administrandae** — **conservandae**: Besonders in Zeiten der Gefahr und drohender Neuerungen zeigt sich die Tätigkeit des Staatsmannes, das *administrare* (s. zu 2,28

administrabo) in ihrem Wesen als ein *conservare*. So rühmt sich Cic. immer wieder seiner ‚konservativen' Tat, z. B. 3,1; 15; 25. Zu Ciceros paradoxem Konservativismus vgl. O. Seel a. a. O. S. 500. — **L. Catil.**: die offiziöse Zufügung des Pränomens entspringt dem gewichtigen Charakter dieser Prognose (*dicetur*, *et erunt*). — **consiliis** — **periculis**: die geläufige Klimax. — **ad fugam atque in ex.**: das Allgemeinere und das Speziellere, wie vorher *scel. ac bell.* — **armis audaciae**: eine kühne Metapher, viel weniger auffällig ist *de spe — depulsus*. — **de spe conatuque**: Hendiadyoin; ~ *hoffnungsvolles Beginnen;* aber bei der Übersetzung muß man im Auge behalten, daß diese Figur keine Unzulänglichkeit der Sprache, sondern ein bewußtes Stilelement ist. — **obstupefactus ac perterritus mea diligentia**: vgl. 1,22 *mea voce perterritus;* das ist eigentlich alles, aber es ist auch das Entscheidende, wessen er sich mit Stolz rühmen kann. — **indemn., innoc.** — **in ex.**: heftige asyndet. Alliteration. — **a consule**: statt *a me*, spielt mit Emphase auf die Ungeheuerlichkeit an; vgl. zu 1,23 *iussu consulis.* — **vi et minis**: Hendiadyoin ~ Gewaltandrohung. — **et erunt, qui ...**: der verlogenen Charakterisierung beider wird jeweils die unterschlagene Wahrheit (*non* — *sed*) vorausgeschickt; das Schwergewicht liegt dabei auf dem zweiten, längeren Glied (*me ...*) mit seinen Superlativen; wieder ist der Ton hier viel leidenschaftlicher als an der vergleichbaren Stelle der ersten Rede; vgl. 1,30 *crudeliter et regie factum.*

15. **Est mihi tanti ...**: s. zu 1,22 *sed est tanti;* abrupt läßt er Klage und Empörung über die böswilligen Verleumdungen fallen und erklärt sich jetzt in einer captatio benevolentiae (s. die Anrede u. *dummodo a vobis ...*) bereit, diese Verleumdungen tapfer hinzunehmen, wenn nur die für das Volk günstigeren Umstände (*dummodo eat in ex.*), die die äußeren Voraussetzungen für diese Verleumdungen bilden, eintreten. Aber er ist sich ganz sicher, daß das leider nicht der Fall sein wird. — **tempestas**: d. Metaph. (vgl. 1,23 *conflare*) ist schon abgeblaßt, wie die Verbindung mit *subire* zeigt. — **falsae atque iniquae**: der zweite Begriff ist moralisch wertend, der erste objektiv feststellend: ~ *irrig und ungerecht;* ähnlich das folgende *horribilis belli*

ac nefarii. — **dicatur sane . . .**: das, wogegen er seit 2,12 angeht (s. zu 1,30 *sese eiecerit*), konzediert er hier unter der einen erwünschten Bedingung, die aber gleich endgültig in knapper und bestimmter Form als absurd abgetan wird: *sed . . . non . . .* — **mihi credite**: umgangssprachliche Beteuerungsfloskel, hier wie oft mit ironischem Einschlag. — **numquam — optabo**: die negative Entsprechung zu *dicatur sane*, die viel umfangreicher ist und mit demselben abrupten Übergang in die Wirklichkeit (*sed triduo tamen*) schließt. Der Ton ist hochpathetisch: *ab dis immort.*, das Gerundivum mit *causa*, und wieder (vgl. zu 2,14 *L. Catil.*) das offizielle Praenomen. — **ducere — volitare**: chiastisch, zwei Bilder für seine Feindschaft, wobei namentlich das letztere von größter Anschaulichkeit ist. — **in armis volitare**: das Bild soll auch seine *audacia* ausdrücken. — **audiatis — audietis**: belebt die Darstellung noch durch die Einbeziehung seiner Zuhörer. — **multoque magis . . .**: s. 2,3 A; *aliquando*, d. h., wenn man eine größere Distanz und größere Objektivität haben wird. — **emiserim — eiecerim**: die juristisch bedeutsame Frage (*Verbannung oder nicht*) wird hier durch die Gegenüberstellung der beiden klangähnlichen Verbformen auf einen leichten Unterschied (*potius*) des Verhaltens (*eher zu weich als zu hart*) abgeschoben. — **Sed . . .**: aber zur Gegenwart zurück mit dem Enthymem *cum sint . . ., qui . . . dicant,* — *quid dicerent*, von dem man noch nicht recht weiß, worauf es zielt, und das gerade dadurch die Aufmerksamkeit wachruft. — **interfectus**: wozu der *mos maiorum* ihn nach seiner Ansicht (1,2 ff.; 2,3) eigentlich zwang.

16. **Quamquam . . .**: die Lösung der undurchsichtigen Frage, die ihre Unaufrichtigkeit bloßlegt. — **dictitant**: das Intensivum ist Ausdruck der Erregung der Anhänger. — **queruntur — verentur**: das Homöoteleuton führt sinnfällig von der vorgeschobenen Beunruhigung zu ihrer wahren Sorge hin. — **nemo — tam misericors**: diese Sorge ist das Gegenteil von Fürsorge, wie in der Adnominatio *Manlium — Mass.* wirkungsvoll zum Ausdruck kommt: sie ziehen den für ihn lebensgefährlichen Aufstand seiner Sicherheit vor. — **ille autem . . .**: nach der Demaskierung der Anhänger die Situation aus Catilinas eigener Sicht, die aus seinem Charakter gedeutet wird. — **si**: = *etiamsi*

(s. u. *tamen*); auch wenn er es nicht immer schon fest ins Auge gefaßt hätte, sondern sich spontan entscheiden müßte. — **mehercule**: soll die Irrealität unterstreichen, wie es noch deutlicher durch *hoc, quod agit* (= *latrocinari*) geschieht; hier überrascht (nach 2,15 *audietis*) das Präsens. Aber Cic. weiß es jetzt schon, während die anderen es noch erfahren werden. — **latrocinantem — vivere**: hier wird ganz klar ausgesprochen, was seiner *audacia* entspricht, was aber auch bei seinen Anhängern mit *ad Manl. quam ad Mass.* gemeint war; und so schließt sich mit *interfici*, das auf *si interfectus esset* zurückweist, der Kreis. — **Nunc vero . . .**: die Folgerung: sein Verschwinden aus der Stadt lag in seinem Plan, und da man seinen Charakter nun kennt, wäre sein Abgang in ein Exil eher zu wünschen, als dem Konsul deshalb Vorwürfe zu machen. — **nihil — nisi**: die negative Ausdrucksweise und die Synonyme *volunt. cogitat.* sind affektisch: alles ist ihm bisher doch ganz programmgemäß verlaufen. — **vivis nobis**: vgl. 2,2; sarkastisch. — **optemus**: der paradoxe Wunsch, der für beide Parteien, die Bürger wie C., das Bessere will, als gewählte Form des Abschlusses, obgleich der Inhalt dieses Wunsches vorhin als völlig abwegig abgetan worden war (*non est iturus*).

17. **Sed . . .**: das Thema Catilina wird abgebrochen; es folgt der Übergang zu der Behandlung der sechs Gruppen (*genera* s.u.) seiner Anhänger in der Stadt 2,18–23. — **cur tam diu — loquimur**: in der rhet. Frage bezieht er in der Figur der sog. Dubitatio seine Zuhörer mit in die Überlegung über den Fortgang des „Gesprächs" ein; s. u. *dicimus*. — **de . . . hoste . . .**: Anapher mit epexeget. *eo* —, *qui* . . ., dreimal führt er den Begriff *hostis* an, um ihn einzuprägen. — **iam fatetur**: dadurch, daß er aus Rom weggegangen ist, wie aus dem Gegenbeispiel *qui dissimulant, qui — remanent* erhellt. — **quem, quia, quod . . .**: die allit. Schachtelung ist nicht anstößig, sondern sogar sehr beliebt. — **murus . . .**: s. 1,10; vgl. zu 1,33 *tectis — ac moenibus*. — **de his**: scharf (konjunktionslos, chiastisch) adversativ. — **quos quidem ego . . .**: betont im Gegensatz zur gegenteiligen Erwartung. — **si ullo modo . . .**: stark betont; vgl. 2,11 *quoniam sanare*, wo der Ton viel weniger versöhnlich ist. — **non tam ulcisci**: vgl. dag. 2,11 *quae resecanda erunt* bzw. *ea, quae merentur*,

exspectent. — **neque, id . . .**: vgl. *si ullo modo;* hier ist die Möglichkeit der Rettung sehr groß, wie das lebhafte *neque* —, *quare* — *non* —, *intellego* zeigt, und zwar nur von der leichten Bedingung *si me audire volent* abhängig. — **exponam . . .**: nach den rhet. Fragen in der 1. pers. pl., die auf den Inhalt seiner Darlegung gingen (s. o.), nun die direkte Bemerkung zur Disposition in der 1. pers. sg. — **enim**: begründet ein Zweifaches: 1.) *de his* — *nihil dicimus?* 2.) *neque* — *intellego*, wozu die Begründung *medicinam* — *adferam* gehört. — **quibus generibus** u. **singulis**: gibt das Dispositionsschema an. — **ex quibus generibus** — **istae copiae**: eine ausführliche soziologische Analyse der Revolutionäre; vgl. 2,4 *reliquit . . .* u. 2,5 *collectum ex . . .* — **medicinam cons. atque orat.**: gen. explicativus; *atque orat.* ist epexegetisch zu *consilium:* der Rat wird in dieser Rede erteilt. — **si — potero**: ~ *si — audire volent;* bei der Gruppe der Verbrecher (*quintum genus*) u. der eigentlichen Catilinarier sieht er sich dazu nicht imstande.

18. **Unum genus**: reiche, aber zugleich stark verschuldete Großgrundbesitzer; s. zu 2,4 *quanto aere alieno.* — **in**: konzessiv. — **possessiones**: bes. Landbesitz, s. u. *fructibus praediorum.* — **quarum amore adducti**: kennzeichnet die Hartnäckigkeit, mit der man an Landbesitz hängt. — **dissolvi**: doppeldeutig: *sich trennen von dem Besitz* und *sich freimachen von den Schulden.* — **species — voluntas vero et causa**: An der landläufigen, oberflächlichen Gleichsetzung von *locuples* u. *honestus* übt er mit der Gegenüberstellung von Schein und Wirklichkeit (*causa* = *der wirkliche Sachverhalt, die Lage; voluntas* = prägnant: *der* (*mangelnde*) *Wille*, den Zustand zu ändern) heftige Kritik. — **sunt enim loc.**: erklärt, wie äußerlich das *honestum* ist, die Superlative *honest.* u. *impudent.* reden eine sehr offene Sprache. — **tu . . .**: der heftige Vorwurf läßt ihn plötzlich zu einer lebhaften (anapherreichen) Apostrophe des vorgestellten Vertreters dieser Gruppe übergehen. Es handelt sich dabei um eine typische Redeweise der Umgangssprache. — **argentum**: Silberarbeiten wie Geschirr und Statuen. — **familia**: als Besitzgegenstand: *die Sklaven.* — **rebus omnibus**: die Aufzählung soll natürlich wie eine beliebige Auswahl wirken; deshalb die Zusammenfassung. — **sis et dubites . . .?**: die unwillige Frage: *Du sollst*

— *sein und willst zögern?* — **de poss.** — **ad fidem**: chiastisch; *acq. ad fidem = an Kredit gewinnen.* — **quid enim . . .**: sehr gereizt (vgl. deutsch *was denn*), wie die abgehackte Redeweise zeigt. — **bellum**: völlig absurd für die Wohlhabenden. — **omnium**: gen. pl. neutr.; die goldene Latinität macht in ihrem Bestreben nach Deutlichkeit von dem Neutrum eines Pronomens im gen. u. dat. viel sparsameren Gebrauch als etwa die silberne Latinität; hier an dieser Stelle ist freilich jede Verwechslungsmöglichkeit ausgeschlossen. — **sacrosanctas**: *durch einen Schwur (sacrum) befestigt, unverletzlich.* — **an . . .**: die Alternative zu *bellum.* — **tabulae novae**: die Vernichtung der alten Schuldbücher stellt eine radikale politische Maßnahme zur Sanierung unhaltbarer Besitzverhältnisse dar; vgl. gr. σεισάχθεια. Mit diesem Stichwort bricht die leidenschaftliche Apostrophe mit der Fülle ihrer ironischen rhet. Fragen plötzlich ab. —**errant**: er geht in den Bericht zurück; der Ton bleibt aber nicht ohne Schärfe. — **a Catilina** — **meo beneficio**: überraschender, konjunktionsloser Gegensatz; zunächst voll schneidender Ironie; es erweist sich jedoch im folgenden als seine bittere, aber allein wirksame Medizin: *neque enim — alia ratione ulla.* — **tabulae novae**: sinnfällig wiederholt; um das paradoxe *auctionariae* wirksam anschließen zu können, das die Bedeutung von *novae* (hier: *neuartig*) modifiziert. — **tabul. auct.**: die Versteigerungen wurden durch öffentlichen Anschlag bekanntgemacht. Cic. scheint tatsächlich neue drastische Formen der Zwangsversteigerung eingeführt zu haben; vgl. Cic. off. 2,84. — **isti**: sc. *qui magno in aere alieno sunt.* — **salvi**: die Metapher als t. t. für Menschen in „gesunden" wirtschaftlichen Verhältnissen. — **quod si maturius . . .**: die Dringlichkeit der Maßnahme unter Hinweis auf die bisherige Verzögerungstaktik und die halben Maßnahmen: *mit den Erträgen (fructibus) gegen die (hohen) Zinsen (cum usuris) ankämpfen (certare); sie decken wollen,* was wegen der Aussichtslosigkeit als *stultissimum* bezeichnet wird. — **locupletioribus** — **et melioribus**: (s. dag. oben *honest. — impudent.*) sie könnten sich wirklich sanieren und es entfiele für sie jeder Grund zu revolutionären Plänen. — **minime**: von allen genera; die Reichen neigen nicht zum Radikalismus, jedenfalls nicht zu derartigen Handlungen; so braucht ihnen gegenüber nicht die radikale Alternative von 2,11 *quae sanari — quae resecanda* angewandt zu werden. — **vota facturi — arma laturi:** die Gegensätze sind durch das Homöoteleuton betont. Zu dem Ggs. von *Wünschen* u. *Handeln* vgl. z. B. Sall. Cat. 52,29. — **vota facere:** ironisch: „*fromme*" *Wünsche hegen.*

19. **Alterum genus:** verschuldete Ehrgeizlinge. – **quamquam — tamen:** vgl. 2,18 *in aere alieno* (konzessiv). Vermögen war für den *cursus honorum* (*die ehrenamtliche Laufbahn im Staatsdienst*) Vorbedingung. Bei diesen ist es anders: sie streben nach Macht, um so ihre Schulden loszuwerden; vgl. aber auch zu 2,4 *quanto aere alieno.* — **dominatio:** „d. h. Festhalten d. magistratischen Gewalt durch den oder die leitenden Politiker" (Gelzer, Kl. Schr. 2, 1963, 101); die Herrschaftsform, die der res publica mit ihrem jährlich wechselnden Magistrat entgegensetzt ist; auch in *rerum potiri* und *honores — perturbata* zeigt sich ihr illegales Verhalten. — **quibus — praecipiendum:** umgekehrt wie 2,18: ihre Fehler werden knapp abgemacht, die Maßnahmen zu ihrer Behebung ausführlich nach zwei Gesichtspunkten abgehandelt: 1. Sie können ihre Absichten nicht verwirklichen, und 2. Ihre Verwirklichung würde ihnen keine Vorteile bringen. — **praecip. videtur:** Die schulmeisterliche Wendung drückt ironische (*scilicet*) Überlegenheit aus. — **quod reliquis omnibus:** daß diese Mahnung nicht schon 2,18 steht, ergibt sich aus *vota facturi ... quam arma laturi* (2,18). — **me — vigilare ...:** die Aussagesätze im A.c.I. sind (ebenso wie vorher der Aufforderungssatz *ut desperent ...*) abhängig von *praecipiendum.* — **pr. omnium:** die Reihenfolge nach der Einschätzung der Leistungsfähigkeit. — **magnos animos esse:** gegenüber seiner Aktivität, die er in dem Trikolon *vigilare — providere* andeutet, führt er hier nur eine Haltung bzw. einen noch nicht aktivierten Machtfaktor an (das Trikolon *magnos animos — magnam concordiam — magnas ... copias* steht in der Klimax). — **deos ...:** vgl. u. a. 3,22 *ille Capitolium ...*; das Trikolon, die Superlative (vgl. bes. 2,29 *urbem pulcherr.*), das emphatische *tantam* zeigen den Tenor des Gebetsstils; die Götter sind absolute Garanten (*praesentes* ist praedikativ wie 2,29 u. 3,18 *gegenwärtig, sichtbar, offenkundig*). — **quod si ...:** Daher kann er in Gedanken ruhig einmal ihren Sieg unterstellen. — **summo furore:**

erweitert und verstärkt im folgenden durch *mente — concupiverunt.* — **in cinere — civium:** der stets wiederkehrende Komplex; s. zu 1,3 *caede atque incendiis.* — **consules — reges:** eine Klimax hinsichtlich der Machtfülle. — **fugitivo — gladiatori:** spielt auf Spartakus u. seine Anhänger im Gladiatorenkrieg an; *alicui* verächtlich. Die Verschwörer (vgl. 1,27 und 3,12) suchten die Sklaven mit einzusetzen. Cic. prophezeit ihnen, daß im Falle eines Sieges diese radikalsten Elemente die Oberhand gewinnen würden.

20. **Tertium genus:** die Veteranen des Sulla; vgl. 2,5 *collectum ex senibus.* — **aetate — adfectum:** 82 hatte Sulla sie zum letzten Mal eingesetzt. Ihr jetziges Alter mag bei rund 50 Jahren gelegen haben. — **iste — Manlius . . .:** *succedit* = *ablösen*, vgl. 2,14 das ironische *suo nomine.* — **ex iis col., quas Sulla constituit:** etwa 120000 Soldaten hatte er, vornehmlich in Etrurien, angesiedelt. — **(quas) — universas:** = *im allgemeinen.* — **optimorum et fortissim. virorum sentio:** er weiß nichts Genaues, will aber keinem mit falschen Verdächtigungen zu nahe treten und schickt dieses Lob voraus, um die Gruppe der Verschwörer, bei denen spezielle Gründe für ihre negative Entwicklung vorliegen müssen (*sed tamen hi . . .*), nicht zu groß erscheinen zu lassen. — **hi:** = tertium genus; *hi* = Subjekt; *coloni, qui . . .* = Prädikatsnomen (wie oben *hi sunt homines*), im Gegensatz zu *universas.* — **in insperatis — pecuniis:** durch die umfangreichen Enteignungen, die Sulla in ihrem Interesse hatte durchführen lassen (s. u.); *in — pecuniis* hat konzessiven Sinn. — **se — iactarunt:** charakteristisch für die Neureichen. — **aedificant:** der Topos vom Bauluxus. — **tamquam beati:** *b.* = vermögend (Gegensatz: *tenuis*); der Besitz der Veteranen konnte sich natürlich nicht mit dem der ersten Gruppe vergleichen. — **dum praediis — magnis:** vgl. 2,18; offensichtlich wollten sie es aber derartigen gleichtun. — **conv. apparatis:** der Topos vom Tafelluxus. — **Sulla — excitandus:** nur Sulla, der viel zitierte Bürgerschreck, der ihnen damals mit seinen radikalen Maßnahmen Grund und Boden verschaffte und damit den Anfang ihrer unheilvollen Entwicklung legte, könnte sie jetzt noch mit entsprechend radikalen Maßnahmen von ihrer Schuldenlast befreien. — **ab inferis . . .:** nur

bildlich gemeint; vgl. zu 1,33 *mortuos*. — **agrestes — egentes**: vielleicht solche, die durch Sulla erst arm geworden waren und jetzt auch radikalen Gedanken (*rapinarum veterum*) anhingen. — **in — genere praedatorum direpț. . . .** : hier erst die richtige Kennzeichnung; es bedurfte offensichtlich einer gewissen Vorbereitung; s. oben zu *optimorum*. — **sed**: die Darlegung abbrechend zur Ermahnung übergehend. — **ac proscript. et dict.**: epexeget. zu *furere; proscript. et dict.* wie unter Sulla (*illorum temporum*), der Plural: = *Zustände wie*. — **inustus**: d. h. unauslöschlich, zur Metapher s. zu 1,13 *nota*. — **pecudes**: von *pecus*, *pecudis* f. Das fem. *pecus* bezeichnet vornehmlich das einzelne Stück, das neutr. die Gattung; so wird denn das fem. oft zur Identifikation mit dummen, stumpfsinnigen Menschen benutzt. Hier aber steht es zur Abgrenzung und Übersteigerung von *homines* im eigentlichen Sinne: ~ *das blöde Vieh*. — **videantur**: zur Milderung der phantastischen Übertreibung *pecudes — passurae*.

21. **Quartum genus**: eine Sammelgruppe von nicht sonderlich profilierten Erscheinungen, meist kleinen Leuten (*varium — turbulentum*) in hoffnungsloser Lage (*iam pridem* = Vght.; *numquam* = Zukunft; *premere* und *emergere* beides von der Verschuldung; vgl. *in vetere aere alieno*). — **qui partim . . .**: die Gründe ihrer Misere: 1) bis *vacillant* (= *wackeln, wanken*, „*wackelig stehen*“) durch Selbstverschulden, 2) danach durch fremde Einflüsse. — **vadimonium**: s. zu 2,5. — **defatigari**: auch aufs Wirtschaftliche übertragen. — **permulti**: prädikativ. — **non — milites acres — infitiatores lentos**: im Ggs. zur dritten Gruppe *zähe Leugner;* als solche Drückeberger werden sie sich dann auch wohl (*arbitror*) im Kampfe zeigen. — **Qui homines — corruant**: eine drastische „Medizin“ (*stare* und *corruere* vom Haus auf die Verschuldeten übertragen). — **non intellego . . .**: ironisch; er äußert sich „über die finanziellen Reformpläne mit einer Schroffheit, die . . . seine gänzliche Verständnislosigkeit gegenüber dem sozialen Problem erkennen läßt und auf die Betroffenen eher verbitternd als beschwichtigend wirken mußte“ (Seel a. a. O. S. 93). — **vivere honeste**: der Konkurs macht ehrlos. — **perire turpiter**: der Ton liegt auf *turpiter*. Was ihnen noch bliebe, wird durch das folgende

klar: *soli pereant;* also ein *perire* auf jeden Fall, nur ohne noch besondere Schandtaten auf sich zu laden. — **aut cur . . .:** der Gedanke noch einmal 4, 14; obgleich ihr Verhalten psychologisch sehr verständlich ist, schaltet er mit seinem Räsonieren jegliches Mitempfinden aus.

22. **Quintum genus:** direkte Verbrecher; – **parricid., sicariorum:** wohl wieder nur eine Anspielung auf seine eigene Gefährdung durch den Anschlag der zwei Verschwörer, die ins Allgemeine ausgeweitet ist (vgl. zu 2, 10 *inertes — fortiss.*). — **quos — non revoco:** der Wegfall der Mahnung wird durch eine geschickte Wendung *nam* . . . begründet. Das spricht darfür, daß es sich nicht um eine faßbare Gruppe, sondern höchstens um ein gewisses Milieu handelt. — **neque — divelli possunt:** wegen der großen Ähnlichkeit, die sie mit C. haben; dieser soll so indirekt charakterisiert werden. — **et pereant sane . . .:** (vgl. den Rat für die vorige Gruppe: *corruere* und *perire*) mit einer ganz schnodderigen Begründung; *carcer* (Ggs. *in latrocinio*), da das Gefängnis fast nur für die kurzfristige Aufnahme zum Tode verurteilter Verbrecher geeignet war (vgl. zu 1, 19 *a carcere atque a vinculis*). — **Postremum — genus . . .:** die eigentlichen Catilinarier. — **non solum — verum etiam:** der Einteilung liegt also ein sachlich fundiertes Werturteil zugrunde: sie rangieren noch hinter den Kriminellen; deshalb ist das farblose *quintum genus* eingeschoben. Die Charakterisierung der Catilinarier ist dagegen sehr detailliert und anschaulich. Fehlte schon bei den letzten die helfende Mahnung, so bei diesen erst recht. — **numero:** (wie *genere* und *vita*) abl. limitat. — **atque vita:** epexegetisch zu dem nicht sehr anschaulichen *genere ipso;* prägnant: = *die (schlechte) Lebensführung.* — **de — dilectu:** paraphrasiert *proprium (eigentümlich, ganz gehörig); dil.* = *delectus* (milit. t. t.): *die Auswahl, die Elite;* hier, wie aus der folgenden Correctio *immo vero* ersichtlich, zweideutig mit dem Nebensinn von *diligere: nach seiner Herzenswahl, seine Auserwählten;* vgl. zu 2, 4 *in praetexta.* — **de complexu eius ac sinu:** sehr anschaulich das unsittliche Verhältnis kennzeichnend. — **quos — videtis:** die Zuhörer werden auf ihre tägliche Wahrnehmung (praes.) verwiesen; er braucht ihnen nichts vorzumachen. — **pexo capillo nitidos:** *nitidos* mit Bezug auf die *unguenta*, vgl.

2,10; das ist für einen Mann unschicklich. — **imberbes:** so jung (s. u. *hi pueri*), bzw. so unmännlich sind sie. — **bene barbatos:** gegen die Sitte; von Alexander dem Großen an bis zu Hadrian wurde die glatte Rasur bevorzugt. — **manic. et talar. t.:** Tuniken mit solch langen Ärmeln und von solcher Länge galten zu Ciceros Zeiten als unmännlich. — **velis — non togis:** der von der Rhetorik aus der Sprache des Umgangs entlehnte Identifikationstypus, statt eines Vergleichs *mit Togen wie Segeln*. Die Toga, das charakteristische Gewand der Römer, ist bis zur Unkenntlichkeit verunstaltet; sie mußte zu Ciceros Zeit eng angelegt werden, nicht so, daß sie einem *velum* glich. — **quorum ...:** nach ihrem Erscheinungsbild wird ihr Lebensinhalt angeführt: die Tugenden *industria — labor* durch *anteluc.* (= *bis zum Morgengrauen ausgedehnt*) *cenis* ins Gegenteil verkehrt; vgl. ähnl. für Cat. 1,26 u. bes. zu 2,9 *Atque* ...

23. **In his greg. ...:** die speziellen „Berufe". – **omnes:** mit der Anapher noch hervorgehoben, besagt, daß eine grundsätzliche Übereinstimmung, wenn nicht sogar völlige Identität zwischen *in gregibus* und den Angeführten besteht. — **aleatores — adulteri, — impuri impudic.:** paarweise allit.; der zweite Ausdruck ist jeweils der kräftigere. — **hi pueri ...:** (vgl. zu 2,22 *imberbes*) ein weiterer Zug an ihnen; mit dem verächtlichen *tam lep. ac delic.* kontrastiert die ironische Bewunderung *sed etiam — didicerunt.* In Wirklichkeit paßt diese Art von „Mut" — *sicas vibrare* und *spargere venena* (chiastisch) — durchaus in das Bild der Unmännlichkeit; die pl. *sicas* und *venena* heben die Geläufigkeit dieser Beschäftigung hervor; die dazugehörigen Verben sind sehr anschaulich; *spargere* vom Einträufeln in ein Getränk. — **amare et amari:** das letztere mit *dilectu* ... (s. o. 2,22) und *impuri impud.* schon umschrieben; zu *amare* s. u. *mulierculas; saltare* (s. u. *quod nudi — saltare didicerunt*) und *cantare* weitere Züge, die der römischen *gravitas* ebenso widersprechen, wie sie für die *delicati* typisch sind. — **qui ...:** zum Inhalt vgl. 1,30f. — **scitote:** eindringl. appellierend: d. h. „Mit Unkenntnis könnt ihr euch später nicht entschuldigen". — **hoc — seminarium Catilinarum:** *seminarium* (*Pflanzschule*) viel bildkräftiger als 1,30 *semen malorum omnium;* besonders plastisch wirkt die Metonymie (nom. proprium pro appellativo) *Catilinarum* unmittelbar nach

der Erwähnung C'. selbst. — **verum . . .**: ein Einwand gegen die Möglichkeit ihres Weggangs in der lebhaften Form eines Bündels rhet. Fragen; *miseri* ironisch mitleidig; *sibi* der dat. eth. in der umgangssprachl. Floskel *quid sibi volunt*. Die Begründung ist in weitere rhetorische Fragen aufgelöst. — **mulierculas**: das Deminutiv ist verächtlich, um die Unvereinbarkeit mit *castr.* zu betonen. — **quem ad modum autem . . .**: auch die Alternative erweist sich als unmöglich. — **carere poterunt**: geht zunächst auf ihre Leidenschaft; s. o. *amare*. — **his praesertim . . .**: (= in den kalten Herbstnächten) spielt noch viel verächtlicher auf ihre unmännliche Verweichlichung an. — **quo autem pacto . . .**: verdeutlicht *his — noctibus:* die Gebirgslandschaft und die Jahreszeit zu einem anschaulichen Komplex des Ungastlichen verschmolzen. — **nisi — putant . . .**: eine überraschende, ironische Lösung des Dilemmas: *nudi*, welcher für röm. Empfinden skandalöse Umstand oben bei *saltare* nicht erwähnt war.

24. **O bellum . . .**: die ironische Exclamatio leitet die Darstellung der Überlegenheit über C. ein und schließt die Charakteristik der letzten Gruppe mit dem Oxymoron *scortorum* (von Männern gesagt besonders verächtlich) *cohort. praet.* (= *Leibgarde*). Die folgenden Sätze, die jeweils die beiden Kräfte in Schwarz-Weiß-Malerei gegenüberstellen, drücken den Gegensatz auch in der Diktion aus: ein rühmend-ermahnender und ironisch-verächtlicher Ton wechselt ständig. — **Instruite nunc, Quirites, . . .**: nach der langen Schilderung ein Zurückgreifen auf die Erfordernisse der gegenwärtigen Lage. — **has tam . . .**: wie geschildert. — **praesidia**: (neben *exercit.*) *die Landwehren* in den Städten und festen Plätzen. — **et primum — opponite . . .**: hier die captatio benev. gegenüber dem souveränen Volk besonders deutlich: die *consules* sind Instrument des Volkes. — **gladiatori . . .**: die Periphrase schon 1,29 und 2,19; die Adj. *conf. et sauc.* gehören mit zum Bild, gemeint ist die Schwächung seiner Position durch die Verdrängung aus der Stadt; vgl. 2,1 *loco — motus*. — **imperatores**: ein *imperium* besaßen die Konsuln und Praetoren, bzw. die entsprechenden Promagistrate. — **deinde . . .**: ein ausführlicher Vergleich der Truppen schließt sich an. — **naufragorum**: zum Bild vgl. 1,30.

— **eiectam**: *ans Land geworfen.* — **flos ac robur**: geläufige Metaphern für eine Elitetruppe. — **iam vero . . .**: das materielle Stärkeverhältnis; *urbes* die Städte als dauernd befestigte Anlagen im Ggs. zu *tumul. silv.* (vgl. *Apenn.* 2,23). — **colon. ac municip.**: Städte mit eigener Verwaltung und Gerichtsbarkeit; vgl. zu 4,7 *iniquitatem* — **copiae, ornamenta, praesidia**: *Kampfmittel, Rüstung, Verteidigungsmittel;* der Ton liegt auch bei *copiae* und *praesidia* auf dem Materiellen, wie aus der Gegenüberstellung (*inopia* und *egestas*) erhellt. — Daß das hier geschilderte Kräfteverhältnis seinen Eifer auch beschämen, bzw. die Bürger erst recht unbekümmert machen könnte, kommt in der Erregung gar nicht zum Bewußtsein.

25. **Sed — causas ipsas**: die *Prinzipien,* die sich gegenüberstehen, werden auf ihre Erfolgschance hin moralisch beurteilt. „Die hämmernde Monotonie, mit der Cic. die Vieldeutigkeit des Lebens immer wieder in die eindeutige Antithetik von Gut und Böse preßt, hat etwas Großartiges u. nicht nur sprachlich Gewaltiges" (Seel a. a. O. S. 81). — **omissis his rebus**: in der Form der Präteritio ein knappes, aber detailliertes Bild der Kräfte. Was alles *res* („das Herzwort der lateinischen Sprache" Th. Haecker, Vergil — Vater des Abendlandes, Kap. 8, S. 110) sein kann, zeigt die Descriptio, die so ausführlich ist, daß die Epanalepsis zweckmäßig erscheint. Der Chiasmus *om. his reb.* — *his reb. om.* ergibt sich aus dem Sinn: zuerst liegt der Ton auf *rebus*, nachher auf *omissis*. Die Aufzählung, dem Werte nach eine Antiklimax, wirft ein bezeichnendes Licht auf die Einschätzung der Nichtbürger. — **velimus — possumus**: im Bedingungssatz wechselt der Modus nicht selten. Der Potentialis *velimus* ist eine Höflichkeitsfloskel. — **Ex hac enim parte . . .**: Die gegenübergestellten personifizierten (*pugnat*) Begriffe sollen einander immer exakt entsprechen; so lassen sie sich bisweilen durch ihre Gegenbegriffe genauer begrenzen und bestimmen. Die erste Gruppe umfaßt vornehmlich römische Tugenden (u. ihr Gegenteil), wie *pudor*, von dem das engere *pudicitia* unterschieden wird, *fides*, *pietas*, *constantia*, *honestas;* mit *denique* schließt sich das Schema der vier griechischen Kardinaltugenden an (Gerechtigkeit, Besonnenheit, Tapferkeit, Klugheit), die stellvertretend für

den Gesamtkomplex der Tugenden (*virtutes omnes*) stehen. — **postremo ...**: über den Tugendkomplex hinausgehende Qualitäten. — **bona ratio**: entweder ~ *mens sana* oder *das gute konservative Prinzip* oder *die gute finanzielle Lage* (*ratio* ~ *Rechnen*). — **ac proelio**: epexeget., da *certamen* auch nur ein Wettstreit (u. U. auch mit Worten) sein kann. — **si — deficiant**: nur als Möglichkeit hingestellt, um seiner absoluten Siegesgewißheit mit dem Hinweis auf die Götter Ausdruck zu verleihen; vgl. 2,19. — **cogant**: sie dürften es erzwingen; der Potentialis drückt nicht einen Zweifel, sondern nur die Höflichkeit aus. — **ab his — virtutibus**: *ab* s. o. zur Personifizierung.

26. **Defendite**: der Imperativ schwächt sich durch die Anrede (vgl. 2,24 *instruite nunc, Quirites*) und den Relativsatz zu einer Empfehlung ab. — **antea dixi**: vgl. 2,24. — **vos — vestra t.**: durch die Voranstellung von *vestra* betont im Ggs. zum folgenden *mihi — urbi*. — **vigiliis cust.**: vgl. 1,8 und 1,1. — **tumultu**: vgl. 2,28: — **motus**: *Eingreifen, Einsatz*. — **consultum atque provisum**: die Synonyme und das Perfekt drücken das umsichtige Verhalten Ciceros aus; vgl. z. B. 1,8 *meo iussu* ... — **coloni omnes municipesque vestri**: beide Attribute gehören zu beiden Substantiven; es liegt also eine leichte Form von ἀπὸ κοινοῦ vor. — **facile — defendent**: Gemeint ist eine polizeiliche Kontrolle durch die niederen Magistrate, denen die Abwehr der kleinen Schar, mit der C. aufbrach, leicht möglich sein mußte. — **gladiatores ...**: vgl. zu 2,9 *ludus glad.; certissimam* sc. beim Aufruhr in der Stadt. — **quamquam ...**: trotz der Einschränkung *pars* ein scharfer, verletzender Angriff gegen die patrizische Gesellschaft; er wird bei seinen Zuhörern gut angekommen sein; vgl. zu 2,4 *ne vobis quidem*. Diese ausfällige Parenthese verschiebt ein wenig die gedankliche Fügung: der Kausalzusammenhang zwischen Relativ- und Hauptsatz (beide Sätze richten sich auf die Zukunft: *fore — continebuntur*) wird überlagert von dem konzessiven Verhältnis (*quamquam — tamen*), das sich plötzlich in der Erregung nach vorne gedrängt hat. — **potestate — nostra cont.**: Sall. Cat. 30, 6f. *itemque decrevere, uti gladiatoriae familiae Capuam et in cetera municipia distribuerentur pro cuiusque opibus*. — **Q. Metellus,**

quem — praemisi: vgl. zu 2,5 *hoc dilectu . . .; hoc prospiciens* streicht wieder seine Umsicht heraus. — **(aut) — aut**: *oder wenigstens.* — **reliquis autem de rebus** . . . : ganz summarisch: die Dinge, die noch erst vom Senat beraten werden müssen. — **constituendis** und **agendis**: von Beschluß und Ausführung; auf beides bezieht sich *maturandis.* — **iam**: von der unmittelbaren Zukunft, die Eile und Dringlichkeit ausdrückend. — **vocari videtis**: in dringenden Fällen durch Herolde, sonst durch ein *edictum* einberufen; die Ausdrucksweise entwirft eine lebhafte Szene: man hört und sieht — auch als Leser — die *praecones* bei ihrer Tätigkeit.

27. **Nunc** . . .: eine letzte Warnung an die in der Stadt gebliebenen Anhänger C's. — **atque adeo**: ~ *vel potius;* die Correctio (*relicti sunt*) mit der Angabe des Grundes *contra* . . . für das zu schwache *remanserunt;* vgl. 2,4 *reliquit.* — **hostes — cives**: das Motiv *civis — hostis* hier umgekehrt wie gewöhnlich (s. z. B. zu 1,23 *inimico* . . .) verwendet; seine Zurückhaltung (vgl. 2,6 *meam — lenitat.*) hat ihren Grund darin, daß er ebensowenig wie gegen C. selbst gegen dessen Anhänger Gewalt anwenden konnte, ehe diese es nicht zu ungesetzlichen Handlungen hatten kommen lassen; um so heftiger sind seine Drohungen. — **monitos — volo**: die Redewendung hat durch die Vollendung des Wunschinhaltes (perf.) etwas Apodiktisches an sich. — **adhuc**: verbindet sich durch die Stellung direkt mit *lenitas;* Adverbien schließen sich gelegentlich auch in nicht geschlossener Stellung an ein Substantiv an; zur Sache vgl. zu 2,6 *illam meam pristinam.* — **si — est**: vgl. 2,3 *si quis — accuset;* vgl. 1,4 *dissolutum,* 1,29 *invidia — inertiae.* — **erumperet**: vgl. 1,6; der Gedanke aber umgekehrt: dort die Unmöglichkeit der Geheimhaltung, hier das beinah allzu geduldige Warten und Hoffen auf ein Offenkundigwerden, wofür der Ausdruck *erumpere* fast zu stark ist. — **quod reliquum est**: folgernd: *was übrig bleibt zu tun,* hier dem *adhuc* gegenübergestellt; s. *iam non.* — **meam**: und *me — mihi* (eine Spielart des Polyptotons) zu Beginn der einzelnen Glieder stark hervorgehoben. — **patriam — consulem — moriendum**: eine Klimax: der Bürger, der Lenker, der Opferbereite. — **nullus — viae**: vgl. 1,10 *patent portae* u. 2,6 *demonstrabo iter.* — **conivere**: ~ *ein Auge zudrücken; Nachsicht*

üben. Die Ausdrucksweise paßt sich der Mentalität dieser Filous an. „Hier — und nicht nur hier — wird das Lamentable" *(moriendum)* „vom Burlesken übertrumpft ..." (Seel, Cicero, ²1961, 35 zu den Verrinen). — **qui vero ...:** sehr energisch; *commoverit* wird noch bis zur engsten Auslegung hin juristisch spezialisiert: *factum — inceptum — conatum.* — **sentiet:** emphatisch: ~ *am eigenen Leibe.* — **esse ...:** eine sinnfällige Anapher des Vollverbs. — **consules:** der pl. eine höfliche Einbeziehung seines Kollegen; seine eigene Wachsamkeit betont er immer wieder. — **egr. magistratus:** eine Floskel; ähnlich *fortem senatum;* das Stichwort *fortis* leitet zu *arma* und damit zu *carcerem* über. — **quem ...:** droht unter Hinweis auf den *mos maiorum* wieder (vgl. 1,3; 28. 2,3) mit der juristisch problematischen Todesstrafe für die Hochverräter.

28. **Atque ...:** die bewundernswerte, geräuschlose, schonende Art seines Durchgreifens wird in drei sich steigernden (*res — pericula — bellum*) Paradoxa beleuchtet: das letzte Glied ist das längste; es bringt seine Person als Träger der Handlung mit hinein: *me ...*; vorher heißt es in einer objektivierten (passiv.) und apodiktischen (fut.) Redeweise: *sic agentur.* Die Paradoxa lauten: *maximae res — minimo motu; peric. summa — nullo tumultu; bellum intest. ac domest. — togato duce ac imp.*, wobei das letzte jeweils auch in sich noch paradox ist und deshalb durch das Intensitätssynonym *intest. ac domest.* u. d. *duce ac imp.* hervorgehoben wird. — **post hom. mem. — maximum:** s. zu 3,25 *post hom. mem.* — **togato duce et imp.:** die pointierte Wendung begegnet noch 3,23; vgl. auch 3,15; 4,5. *toga* ist das Gewand, das in Friedenszeiten getragen wurde; d. h. er wird den Krieg so führen, daß er gar nicht erst richtig beginnt; das liegt auch in *sedetur; dux* (jeder nicht näher bestimmte militärische Führer) wird mit dem epexeget. imp. genauer bestimmt; entgegengesetzt wie 1,5; s. dort zu *imperatorem ducemque hostium.* Während *dux* die persönliche Fähigkeit ausdrückt, kennzeichnet *imp.* die amtliche Stellung. — **administrabo:** von der Leitung auf milit. und zivilem Gebiet ohne Unterschied gebraucht, begegnet das Wort „immer wieder, wenn von der wahren Aufgabe des Römers im Staat ... die Rede ist" (Seel, Cicero 157). — **si ullo modo ...:** legt wie immer wieder (s. zu 4,11 *a crudel.*

vitup.) Wert auf seine *lenitas animi.* — **Sed . . .**: scharf einsetzend; *vis manifestae audaciae* = *offene Gewaltanwendung*, die zum Staatsnotstand führt, wie die anaphorische Epexegese *si impendens patriae periculum* darlegt. — **necessario:** wenn alle diese Voraussetzungen eintreten. — **illud profecto perficiam:** nach dieser pathetischen Gebärde, die drastische Maßnahmen erwarten läßt, nimmt der Gedanke eine völlig überraschende Wendung, so daß er für diese fast lächerliche Harmlosigkeit, die der steten Furcht vor der *invidia* (s. z. B. zu 1,28 *quid tandem . . .*) entspringt, eine entschuldigende Erklärung vorausschicken muß: *quod — vix optandum videtur.* Der Gedanke der Bestrafung der wenigen tritt dabei gegenüber der Rettung aller Guten zurück.

29. Nicht das Vertrauen auf die eigene Kraft, sondern auf die Hilfe der Götter, die sich so deutlich bekundet haben, ermutigt ihn zu seinem Versprechen. Die Sprache ist feierlich getragen, nähert sich dem Gebetsstil, für den die parallelisierende Ausdrucksweise und die Häufung der Epitheta u. Superlative u. bes. auch die Verwendung von Trikola wie *precari, venerari, implorare* charakteristisch ist; vgl. zu 1,33 *tu Iuppiter . . .* — **significationibus:** vgl. 3,18f. — **ut quondam:** in der Vorzeit, wie z. B. Cic. nat. deor, 2,6 Castor und Pollux in der Schlacht am See Regillus. — **suo numine:** s. zu 3,18 *nutu atque cons.* — **defendunt:** das praes. drückt eine Haltung, einen Zustand aus, der sich z. B. in der kampflosen Entfernung Catilinas und der wunderbaren Errettung des Konsuls gezeigt hat; vgl. auch 1,11. — **urbem pulcherrimam florentissimam:** für den Römer eine Selbstverständlichkeit (vgl. 2,19) wie *potentissimam* eine Tatsache. — **omnibus — superatis:** nach Pompeius' Siegen (vgl. 3,26), wodurch *potentiss.* auch noch erklärt wird. — **defendant:** eine einmalige Aktion, die noch bevorsteht: *precari, ut . . .*

3

Die Rede wurde vor dem Volk auf dem Forum am Abend desselben Tages (3. 12.) gehalten, an dem die Verschwörer gegen 3 Uhr in der Frühe an der Mulvischen Brücke gefangengenommen und nach ihrem Geständnis in der Senatssitzung am Morgen vorläufig in Privathaft übergeben worden waren. In schwungvollem Einsatz nimmt Cic. das Ergebnis (*videtis*) der Rettung des Staates vorweg; den Vorgang darzulegen, ist das Thema seiner Rede. Die Vorwegnahme des Ausgangs soll die Angst der Zuhörer, nicht dagegen ihre Spannung beseitigen.

1. **Rem. publ. . . .**: Mit einer weit ausladenden, triumphierenden Periode umreißt er die neue Lage. In der Aufzählung der geretteten Güter sind das erste, alles umfassende (*rem publicam*) u. bes. das reich ausgeschmückte letzte (*urbem*) hervorgehoben; nur hierauf beziehen sich die Prädikatsnomina *ereptam — restitutam*. — **domicil. clariss. imp.**: ~ *Sitz der Regierung*. — **fortunatiss. — urbem**: *fort.* proleptisch, weil die Stadt jetzt ihrem Untergang entrissen wurde; *pulcherr.* s. zu 2,29. — **hod. die . . .**: feierlicher als *hodie*, entsprechend dem Tenor des Satzes. — **summo — amore . . .**: captatio benev. — **lab. — meis . . .**: das Verdienst wird in den drei Gliedern herausgestrichen, *laboribus* (= sein Eifer), *cons.* (= seine Fähigkeit) — die Begriffe bilden ein Hendiadyoin: es war ein *überlegtes Handeln*, wie der Erfolg beweist —, *periculis;* zu *p.* s. 1,9. — **flamma — ferro . . .**: die allit. Wendung (vgl. zu 2,1) wird hier fortgesetzt: *faucibus fati*, wobei das für die Prosa allzu kühne Bild (*ex — erept.*) durch *paene* (vgl. *prope* zu 1,27 *patriae querim.*) gemildert wird (s. dag. 2,2).

2. **Et . . .**: Die Reaktion des Volkes muß tiefster Dank für den Retter sein. Die Ausdrucksweise wirkt durch die Litotes *non minus* und die feierliche Periphrase des Romulus (*illum, qui-condidit*) und seiner eigenen Person (*is, qui — servavit*) sehr elegant (der dahinterstehende Gedanke *Wenn schon Romulus . . ., wieviel mehr ich . . .* ist verpönt). — **si . . .**: wie häufiger im rhet. Pathos mit kausalem Sinne. — **iucundi — nascimur . . .**: der Geburtstag ist ein wichtiger Familienfeiertag. — **conservamur . . .**: zum Gedanken vgl. z. B. Horaz c. 3,8,9. — **quod . . .**: die Begründung ist eine sophistisch-rhetorische Spielerei. —

ad deos — sustulimus . . .: die Apotheose ist nicht mehr, wie es für Romulus jedenfalls lange zutraf, geglaubte Wirklichkeit, sondern, wie *benev. famaque sustulimus* zeigt, eine wenn auch bedeutsame, im Kultischen wurzelnde Geste eines ehrenden Gedenkens, daher ist auch das folgende *esse — in honore* grundsätzlich gleichwertig. — **apud — vestros . . .**: entsprechend *deos immort.*, was die Dauer der Erinnerung angeht. — **amplificatamque . . .**: vgl. das folgende *toti urbi . . .*; es läßt auch durchblicken, inwiefern seine Leistung die größere war. — **nam . . .**: der Satz illustriert bes. *flamma atque ferro* 3, 1, wobei das letztere Glied durch zwei Begriffe bzw. Bilder *gladios . . .*, *mucrones . . .* ausgeführt wird. — **toti urbi . . .**: wie 3, 1 *rem publ.*, der Oberbegriff und seine Spezifizierung; hier in zwei formelhaften (s. z. B. 4, 2 *templa atque delubra;* 1, 33 *tect. — ac moen.*) Polaritäten. — **delubrum . . .**: kleiner Sühne- u. Reinigungstempel; vgl. *deluere = reinigen, abwaschen.* — **prope iam . . .**: s. 3, 1, wieder zur Milderung der bewegten Bilder. — **restinximus . . .**: plur. modestiae. — **idemque**: der pl. lautet in der klass. Zeit *idem*, nicht *iidem.* — **rem publ.**: Die Personifizierung, auch sonst nicht ungewöhnlich, wird durch das nachfolgende Glied (*a iugulis vestris*) verdeutlicht.

3. **Quae . . .**: Überleitung zum Bericht. — **illustr., patefacta, comperta**: Das erste Glied des Trikolons betont mehr die Sache, das zweite den Redner, das dritte den Hörer, doch alles wird durch *per me* (am Ende) betont zusammengefaßt. — **vobis — possitis**: eine Regiebemerkung in der Form einer captatio benev: *iam — breviter* klingt beflissen (Da sie ja warten, will er sie nicht mit langatmigem Detail aufhalten); *vos, qui . . .* wirkt beinahe entschuldigend; s. zu 2, 24 *opponite.* — **quanta . . .**: Die Unbestimmtheit des Plurals erhöht den Eindruck der Gefahr. — **quam manifesta**: Daß die Verschwörer auf frischer Tat ertappt sind, ist juristisch relevant. — **qua ratione**: weitgehend sein Verdienst. — **ignoratis et exspectatis**: kennzeichnet die Spannung der Zuhörer, denen die Vorgänge im Senat nicht gänzlich unbekannt geblieben waren und die jetzt mehr und Genaueres erfahren wollten. — **paucis ante diebus**: es war ungefähr ein Monat; aber der Eindruck, daß so lange gegen die Catilinarier nichts geschehen ist, soll ver-

wischt werden; derselbe Zeitraum wird im folgenden mit *semper* und 3,4 *omnes dies noctesque* wiedergegeben, wo er die ständige Wachsamkeit Ciceros hervorheben soll. — **erupit:** vgl. 2,1; hier ist nur noch der stärkste Ausdruck der dortigen Klimax wie ein gewonnenes Ergebnis beibehalten. — **scel. sui socios:** Allit. — **huiusce** — **duces:** die Apposition verdeutlicht die vorhergehende Phrase. Die *socii* sind nach dem Weggang C.'s, der selbst *auctor sceleris* und *princeps coniurationis* ist, in Rom geblieben und erweisen sich ganz im Gegensatz zu Ciceros ursprünglichen Hoffnungen (*debiles fore putabam*) als *duces acerrimi.* — **vigilavi et providi:** er überwacht nicht nur die Schritte der Gegner, sondern trifft auch Gegenmaßnahmen und faßt umsichtige Entschlüsse. — **nam:** begründet seine Haltungsänderung (*ut — erupit . . ., semper vigilavi . . .* von dem Zeitpunkt an) aus seiner bisherigen Meinung (*putabam*), die sich als irrig erwies (3,4 *atque — ut vidi . . .*). — **eiciebam:** s. zu 1,30 *sese eiecerit.* Was 2,14 noch ironische rhet. Frage war, ist jetzt, seit C. Mitte November offiziell zum Staatsfeind erklärt wurde, stolzes Bekenntnis. — **Sed . . .:** nach der Parenthese, die das Fazit der Erwägungen von 2,15 enthält, fortfahrend; *exterminari* variiert nicht einfach trotz der vorhergehenden Versicherung *eicere,* sondern schwächt es eindeutig ab. — **aut** — **aut:** Zu *simul exituram* vgl. z.B. 1,10 *educ tecum . . .,* zu *infirmos — ac debiles* etwa 3,16f.; dag. wird z.B. 1,30; 2,10 u. 17 auf ihre Gefährlichkeit hingewiesen.

4. **Atque . . .:** eine kunstvolle Periode, die besonders in den voneinander abhängigen Finalsätzen (*ut — ut — ut —*) die Sorgfalt und Zielstrebigkeit seiner Maßnahmen ausdrückt. — **maximo — inflammatos:** ein starkes Bild. — **Rom. reman.:** epexeget. zu *nobiscum esse,* greift *Romae reliquisset* (3,3) wieder auf; vgl. 2,4 u. 2,17. — **quos — sciebam:** vgl. bes. 2,22. — **omnes — consumpsi:** variiert 3,3 *vigilavi et providi* und verstärkt es durch die polare Ausdrucksweise *dies noctesque;* immer wieder hebt er seine industria, die Tugend des homo novus, hervor. — **molirentur:** veranschaulicht das farblose, neutrale *agerent.* — **minorem fidem faceret:** *fidem facere* (allit.) = *Glauben finden;* das soll kein Vorwurf sein, sondern das Mißtrauen ist mit *propter . . .* (vgl. aber 2,3 *sed quam multos . . .* u. 2,4 A *ne vobis quidem*)

entschuldigt. — **oratio mea**: Ggs. *rem.* — **comprehenderem**: vgl. *in den Griff bekommen.* — **tum demum — saluti vestrae**: kennzeichnet seine Mühe (*demum*), seine Uneigennützigkeit (*s. vestrae*) wirksam werden zu lassen. — **videretis**: der effektvolle Ggs. zwischen Sehen und Glauben. — **maleficium ipsum**: *ipsum* insofern, als es jetzt nachträglich unwiderlegbar bewiesen ist. Worin dieser Beweis (im Ggs. zu *oratio mea* ~ nur auf noch nicht beweisbaren Behauptungen beruhend) besteht, wird im folgenden *non solum a me, sed etiam* dargelegt. — **itaque ...**: Nach den allgemeinen Erwägungen der Übergang zu den konkreten Ereignissen; aber immer bleibt seine Person der eigentliche Akteur, bei dem alle Fäden zusammenlaufen (*comperi — putavi — optabam*); erst recht gilt das von seinem aktiven Eingreifen 3,5 ff. *vocavi etc.* — **legatos All.**: das Stichwort für den gesamten Hochverratskomplex. Diese Gesandtschaft hatte den Auftrag, beim römischen Senat Beschwerde über das Verhalten römischer Beamter zu führen. Die Verschwörer hatten mit ihnen Beziehungen aufgenommen. Schließlich schien es den Galliern jedoch sicherer, sich an die legitime Macht in Rom zu halten. Sie setzten ihren Patron Q. Fabius Sanga von den Verhandlungen in Kenntnis. Dieser verständigte Cicero, der ihnen wiederum riet, die Verhandlungen zum Scheine weiterzuführen. So erlangten sie von den Verschwörern schriftliche Zusagen, die sie Cic. in die Hände spielten. — **belli Trans.**: also in ihrer Heimat. — **tumultus Gallici**: in Oberitalien; ein Konflikt in Italien bzw. im diesseitigen Gallien ist kein *bellum*, sondern nur ein rechtswidriger „*Aufruhr*". Da derartige Unruhen bei den oberitalienischen Kelten im 4. u. 3. Jhd. oft vorkamen, wurde *t. Gall.* appellativisch zur Kennzeichnung einer *plötzlich auftretenden Kriegsgefahr.* — **sollicitatos, eosque ...**: ihre grundsätzliche Bereitschaft und der erste konkrete Schritt. — **cum litteris mandatisque**: mit schriftlichen und mündlichen Mitteilungen (nicht etwa ein Hendiadyoin *schriftliche Aufträge*) an ihre Landsleute; vgl. 3,9 *litteras* u. *praescriptum* u. auch 3,10 *quae ... confirmasset* u. *quae ... recepissent.* — **ad Catilinam**: ihr Weg in die Heimat führte über Etrurien, ein vorheriges Zusammentreffen mit C. schien zweckmäßig. — **comitemque**: T. Volturcius als Verbindungsmann zu C., wohl auch zur Überwachung der Allobroger. — **facultas**: zuerst nur eine Möglichkeit; denn noch hatte er die Beweise nicht in der Hand. Aber wie glückhaft das Ereignis empfunden wird, zeigt die affektische Unterbrechung des Gedankenverlaufs durch die Relativsätze *quod* — *quodque* mit dem Superl. *difficill.* und der Erwähnung seiner Bitte um göttl. Hilfe. — **ut**: nach der Parenthese wieder aufgreifend. — **tota res**: hier die sachliche Sprache des Berichts; vgl. dag. o. das wertende *malef. ipsum*, wo es um die *salus* geht.

5. **Itaque ...**: Ciceros Reaktion auf *facult.* — *obl.* — **ad me ...**: der knappe Ton seiner Amtsbefugnis. — **autem**: ~ gr. δέ, beim Personenwechsel. — **qui — sentirent**: kausal, begründet bes. *sine ... sine*. — **praeclara atque egregia**: prädikativ. — **negotium**: = *quid fieri placeret, der Auftrag*. — **et ...**: die Durchführung des Auftrags bis 3,6 (Mitte), wobei den Prätoren bei den hier geschilderten Einzelheiten freie Hand gelassen war, wie Sall. Cat. 45,1 eigens betont. — **cum advesperasceret, occulte**: Ciceros Plänen kam der Aufbruch der Gesandtschaft zur Nachtzeit, der mit den Verschwörern vereinbart war, durchaus entgegen. — **ad pontem Mulvium**: ca. 3 km nördlich der porta Flaminia, des nördlichen Stadttores. — **in proximis villis**: die zu beiden Seiten des Flusses nahe der Brücke lagen. *villa* ist nicht nur das Haus, sondern auch der zugehörige Hof. Jedoch war es kaum zu umgehen, daß die Besitzer bzw. Verwalter von der Aktion Kenntnis erhielten; so darf auch das folgende *sine cuiusquam suspicione* nicht gepreßt werden. — **bipertito**: adv. *(zwei-)geteilt*. — **pons**: die via Flaminia wechselte hier vom linken Tiberufer auf das rechte über. — **multos**: nach *sine cuiusq. susp.* betont und vielleicht etwas übertrieben; andererseits ist bei den Allobrogern ausdrücklich von *magno comitatu* (3,6) die Rede; das Begleitpersonal einer solchen Gesandtschaft war nicht ganz gering an Zahl. — **fortes viros**: hört sich nicht nach offiziellen Truppen an, sondern eher nach Freiwilligen, die ja auch für den geheimen Einsatz geeigneter waren; vgl. die im Folgenden genannten *delect. adulescent.* — **et ego ...**: gewichtig sein persönlicher Beitrag. — **praefectura Reatina**: Die Rangfolge der städtisch geordneten Gemeinden ist folgende: municipia, coloniae, praefecturae. —

utor assidue: Als Patron der Praefektur Reate konnte er sie als seine Klienten einsetzen; s. zu 1,6 *meis — praesid.* — **in rei publ. praesidio:** vgl. Sall. Cat. 36,3 (der Senat beschließt) *uti ... Cicero urbi praesidio sit.*

6. **Interim tertia ... exacta:** gegen drei Uhr morgens; die Nacht hatte vier *vigiliae;* man hatte also ca. 9—10 Stunden gewartet. — **ingredi incip.:** anschaulich und spannend; zur geläufigen pleonastischen Verwendung von *incipere* vgl. Leumann—Hofmann, Lat. Gramm., Mchn. 1928, 831 u. 561. — **unaque Volt.:** der wichtige Zeuge (s. 3,8) eigens nachgetragen. — **fit ... imp., educuntur:** knapp asyndetisch, dramatisch die Verben vorangestellt. — **a ceteris:** geht wohl nicht nur auf die eigenen Mannschaften, sondern auch auf die Allobroger, die nach Sall. Cat. 45,3 keine genaue Kenntnis des Planes hatten. — **interventu ... Flacci:** die Praetoren klären jetzt die Lage. — **litterae, quaecumque ...:** soll den Eindruck einer nicht geringen Zahl erwecken; vgl. 3,8 *ad Cat. — litteras,* 3,9 *litteras ab Lentulo ...* — **in eo com.:** es fand also eine umfassende Durchsuchung statt. — **integris signis:** wichtig für den Echtheitsnachweis; s. 3,4 *malef. ipsum.* — **ipsi:** nicht nur die Allobroger, sondern auch Volturcius. — **cum iam diluc.:** bei Tagesanbruch, z.Z. der üblichen Salutatio, zu der sich der Konsul auf jeden Fall bereithalten mußte; er brauchte also nicht die ganze Nacht zur Verfügung gestanden zu haben. — **atque ... deinde ... et ... autem:** die aneinanderreihende Redeweise unterstreicht die Zügigkeit der Entwicklung; vgl. auch *statim.* — **horum ... machin.:** Gabinius, dessen Name zuerst betont zurückgehalten wird, hatte die Verhandlung mit den Allobr. geführt; vgl. Sall. Cat. 44,1. Er gehörte nach C.'s. Weggang zu den radikalsten Verschwörern. Bei Sallust heißt er Gabinius Capito; also scheint *Cimber* kein offizielles Cognomen zu sein — die Voranstellung wäre auch unüblich —, sondern eher eine ad hoc geprägte Bezeichnung, die ihn zum Römerfeind stempeln sollte; s. zu 3,22 *hom. Galli.* Zu Cic.' Zeit gelten die Cimbern noch allg. als Kelten. — **tardissime autem:** nach der knappen Aufzählung (*deinde* u. *post*) überrascht die adversativ eingeführte Umstandsbestimmung; es findet im folgenden seine ironische (*credo* ...) Erklärung; so ist die Hauptperson gleich (s.

auch 3,4 *a P. Lentulo*) herausgehoben. — **in litteris dandis**: der Brief, der 3,12 angeführt wird, ist ganz kurz; und doch hatte er den Lentulus so sehr strapaziert. — **praeter cons.**: hebt seine Trägheit hervor (s. 3,16 *somnum*) im Gegensatz zu Ciceros Eifer: 3,3 *semper vigilavi*, 3,4 *noctesque consumpsi*.

7. **Summis — viris:** (Dativ) etwa die konsularischen Senatoren. — **audita — mane**: die Aufdeckung hatte sich natürlich schnell herumgesprochen und entsprechendes Aufsehen erregt, wie die breite und schnelle Reaktion zeigt. — **litt. — aperiri**: Daß nicht wenigen von diesen daran lag, nicht noch unnötig (*temere*) Aufsehen (*tantus tum.*) zu erregen, darf ebensowenig verwundern, wie Cic. umgekehrt (*negavi*) an möglichst großer Publizität gelegen war, zumal er seiner Sache ganz sicher war; s. u. zu *etenim* ... — **consilium publ.**: paraphrasiert *senatus* (s. zu 2,12 *ad patres conscriptos*), hier wegen des Wortspiels mit *periculo publ.*, das ihm als durchschlagendes Argument dienen soll. — **me ... facturum, ut ... deferrem**: Die gewichtige Umschreibung statt *me delaturum* hebt das Wortspiel hervor. — **integram**: prädikativ; *unversehrt, unbehandelt, unmittelbar.* — **etenim**: Bei dieser leicht ironischen Begründung (vgl. das paradoxe *nimiam dilig. pertimesc.*), mit der er sich von der Mentalität dieser Patrizier bewußt (*ego non arbit.*) abgrenzt, darf er auf die Zustimmung des Volkes (Anrede) rechnen; daß er in Wirklichkeit keinen politischen Fehlschlag riskieren konnte, ist angesichts der Größe der Anschuldigungen und der Stellung der Angeschuldigten klar. Tatsächlich konnte er seiner Sache aber sicher sein; doch glückte darüber hinaus die Überrumpelung, die das wichtige Geständnis aller Verschwörer einbrachte. — **ea, quae — delata**: nicht nur die Briefe, sondern alle Nachrichten, die mit der Verschwörung zu tun hatten. — **si — non essent**: *si — non* (nicht *nisi*), da *non* nachdrückl. Wortnegation zu *reperta* (*aufgewiesen, bestätigt*) ist. Der erfolgreiche Ausgang dieser Aktion ist wieder (wie 3,1) vorweggenommen, so daß man der jetzt beginnenden Schilderung mit ungetrübter Sensationslust folgen kann. — **senatum ...**: ohne Überleitung knapp die Tatsachen, die die Entschlußkraft und Schnelligkeit (*celeriter*) des Geschehens kennzeichnen. — **frequentem**: der Anlaß der plötzlich anberaumten Sitzung wird nicht unbekannt

geblieben sein. — **celeriter, ut vidistis:** vgl. zu 2,26 *vocari videtis*. Soweit möglich, will er sie — nicht etwa nur aus Höflichkeit — auf ihre eigene Wahrnehmung verweisen, damit sie von daher selbst auf die Bedeutung des Geschehens schließen können, das er ihnen im übrigen ja nur berichten kann. — **coegi:** t. t. für die Einberufung des Senats.

8. **Atque . . .:** seine weiteren Maßnahmen. — **interea:** bis zum Beginn der Sitzung ging natürlich doch einige Zeit hin. — **statim:** s. o. 3,7 *celeriter*. — **admonitu Allobr.:** Nachdem sie sich einmal für die legitime Macht entschieden hatten, wollten sie natürlich durch möglichst tatkräftige Unterstützung ihre Position stärken. — **si quid . . .:** klingt sarkastisch angesichts des unmittelbar danach angezeigten umfangreichen Ergebnisses: *maximum — numerum*. — **introduxi . . .:** wieder der knappe (asyndetische), eindringliche Berichtton. *introd.* = t. t. für das Vorlassen von Nichtmitgliedern vor den Senat, daher unten für Cethegus u. Lentulus nicht gebraucht; zur Sonderbehandlung des Lentulus vgl. auch Sall. Cat. 46,5. — **sine Gallis:** s. u. 3,9 *introducti — Galli;* getrennt, um möglichst unabhängige Aussagen zu erhalten. — **fidem publicam:** *Zusicherung von Schutz und Straflosigkeit, Amnestie*. Die Gewährung gehörte in die Zuständigkeit des Senats (*iussu sen.*), die Initiative ging natürlich von Cic. aus, dem an einer ersten Erklärung der Zentralfigur des Volturcius dringend lag, wie aus dem ermunternden Zureden (*hortatus sum . . . sine timore*) hervorgeht. — **tum:** markierend, nachdem das Hemmnis persönlicher Furcht beseitigt war. — **cum:** nicht rein zeitlich mit *tum* korrespondierend, sondern mit kausalem Nebensinn (Konj.). — **vix — ex m. timore:** unterstreicht, wie notwendig Ciceros Aufforderung *sine timore* war. — **a P. Lentulo . . .:** die Wiedergabe des Verhörs in der indirekten Rede verstärkt den Eindruck der Zuverlässigkeit des Berichterstatters. — **mandata et litt.:** vgl. zu 3,4 *cum litteris . . .*; in den Substantiven sind die Verbalbegriffe enthalten, von denen die Begehrssätze *ut . . . ut . . .* abhängen. — **servorum:** vgl. zu 1,27 *evocatorem serv.* u. 3,12 *infimorum*, es stellt also eine Bestätigung derartiger Behauptungen dar. — **ut . . . ut . . .:** Cic. rafft den Bericht zu diesen beiden Kernsätzen zusammen. Der an sich kurze Brief 3,12 ist demgegenüber

länger; da er aber nicht die Aufforderung enthält *ut — accederet*, ist er nicht vollständig zitiert; s. zu 3,6 *in litt. dandis*. — **id autem . . .**: die Ellipse (*Lentulus scripserat et mandaverat*) paßt zu dem flüssigen Berichtstil. Aber sowie mit *eo consilio* die Sprache auf die komplexe Motivierung der Maßnahme des Lentulus kommt, wird der Satzbau entsprechend komplizierter. Daß dies nicht mehr zum Bericht des Volturcius gehört, sondern Ciceros durch *autem* abgesetzte Erklärung ist, wird durch den affektischen Tenor des *ut*-Satzes zur Genüge bestätigt: vgl. *ex omnibus part.*, die Synonyme *discript. distrib.*, *caedemque infinitam civ.*, die Periphrase *ille, qui . . .*, das deiktische *his*.

9. **Introducti**: s. zu 3,10 *introductus est*. — **ius iur. sibi et litt. — ad . . .**: Wieder (s. zu 3,4 *cum litteris mandatisque*) wird zwischen Mündlichem und Schriftlichem deutlich (*sibi* betont) geschieden. Aber die Briefe enthalten Zusicherungen unter Bezugnahme auf diese Eide; s. 3,10 *sese, quae eorum legatis confirmasset, facturum esse;* vgl. auch Sall. Cat. 44,1. — **data**: auf beide Akkusative bezogen. — **atque ita sibi . . . praescriptum . . .**: nun die Forderungen der Verschwörer. — **a L. Cassio**: wegen der Ersterwähnung mit dem Praenomen. Als besonders vorsichtiger Mann gibt er nichts Schriftliches von sich, wie Sall. Cat. 44,2 ausdrücklich betont. — **equitatum**: die Reiterei wurde gemeinhin von den Bundesgenossen gestellt. — **quam primum**: s. u. zu *hunc annum*. — **sibi**: den Verschwörern, bezogen auf ein dem *praescriptum* zu entnehmendes Verbum dicendi, dessen logisches Subjekt die Verschwörer sind. — **Lentulum autem . . .**: seiner Stellung entspricht die von ihm gegebene Erklärung, die das Vertrauen der Allobroger in das Unternehmen stärken sollte (*confirmasse*). Wie weit er selbst an diese Weissagungen und ihre Auslegungen glaubte, läßt sich nicht ausmachen. — **ex fatis Sibyllinis . . .**: s. Textausgabe, Verzeichnis der Eigennamen s. v. Sibyll. fata. — **harusp. responsis**: s. zu 3,20 *responsis*. — **se esse**: namentlich für die Fremden interpretiert, aber von Cicero benutzt, um es vor seinen Zuhörern, die davon auch keine genauere Kenntnis haben mochten, auszubreiten. — **tertium . . . Corn.**: die paraphrasierende Orakelsprache. — **illum**: von dem das Orakel sprach. — **regnum — atque imperium**: *absolute* (politische

und militärische) *Gewalt; regnum* braucht nicht speziell *Königsherrschaft* zu sein, steht aber auf jeden Fall im Gegensatz zur legitimen Macht; s. u. *interitum huius . . . imperii.* — **Cinnam . . . fuisse:** s. o. zu *se esse.* — **eundemque dixisse:** greift *confirmasse* gemäß der Bedeutung des Folgenden gewichtig auf. — **fatalem:** emphatisch vorangestellt: *vom Schicksal vorherbestimmt,* fast immer pejorativ; vgl. aber zu 4,2 E. — **hunc annum:** die Verhandlungen fanden erst nach Catilinas Weggang aus Rom statt. Für eine Aktion in diesem Jahr war also nur noch wenig Zeit; in den Aufstand in der Stadt sollte C. eingreifen; natürlich unter Verwendung der allobrog. Reiter, daher oben *quam primum mitterent.* Daß nach C's. Verschwinden die Zeit gegen die Verschwörer arbeitete, ist klar. Also drängten sie alle auf schleunigstes Handeln; dabei stellten sich aber die 3,10 angegebenen Differenzen heraus. — **ad interitum huius urbis atque imp.:** Das kann natürlich nicht der Wortlaut der Äußerung des Lentulus sein; daß derartiges nicht in seinem Interesse lag, bedarf kaum der Bestätigung durch das entgegengesetzte *regnum — pervenire.* Er wird von einem großen Brand, wie er in Rom nicht selten war und für diese Aktion bestimmt geplant war, und sicher auch von der Vernichtung der bestehenden Herrschaftsform, über die sich die Allobroger zu beklagen hatten, gesprochen haben, was für Cicero freilich mit dem hier Geäußerten identisch ist; vgl. 4,12. — **post . . . post . . .:** die Sprache des Orakels, das sich durch solche relativen Zeitangaben nicht zu sehr festlegen will. — **post virg. absol.:** sc. *Vestalium.* Inzest der Vestalinnen galt als ein schlimmes Verbrechen, das durch große Staatsopfer gesühnt werden mußte (*absolutio*). — **annus decimus:** die Datierung dieses Ereignisses, auf das sich Cic. nur noch einmal (Brut. 236) bezieht, hängt an dieser Stelle. — **Capitoli — incensionem:** die Datierung dieses bedeutungsvollen Brandes steht auf den Tag genau fest: 6. Juli 83.

10. **Hanc autem . . .:** ein neues wichtiges Moment in dem Bericht. — **Ceth. nimium — longum:** Er erweist sich als der Radikalste, was schon 3,8 herauszuhören war; er hatte in seinem Haus das Waffenarsenal angelegt; s. 3,16 *C. Ceth. furios. temeritatem.* — **cum ceteris:** im Folgenden in *Lentulo et aliis*

aufgegliedert, zur Sonderstellung des Lentulus s. zu 3,6 *tardissime autem* ... — **Sat.**: am 19. Dezember, also gut 14 Tage nach dieser Rede vom 3. Dez.; vgl. zu 3,17 *Saturnalia.* — Die Saturnalien waren ein ausgelassenes Fest, bei dem die Standesunterschiede nicht galten, die Herren ihre Sklaven bedienten. Die Umstände bei einem deratigen Volksfest konnten sich auf den Verlauf des Umsturzes günstig auswirken. — **ac —, Quirites**: eine geläufige Regiebemerkung (von dem Bericht der Gallier zu den wichtigeren schriftlichen Beweisstücken) mit der Ellipse eines Verbums des Sagens wie *ich will mich kurz fassen*, vgl. 3,8 *id autem;* die Anrede stellt sich dabei gern ein, da die Raffung als im Sinne der Zuhörer aufgefaßt wird: ~ *ne* (*vobis*) *longum sit*, vgl. 3,3 *breviter;* die Sprache ist im folgenden wieder ganz knapp (asyndetisch) und sachlich, wie gern bei der Wiedergabe von Fakten. — **tabellas**: wachsüberzogene Holztäfelchen, in die der Brieftext (*litterae*) eingetragen wurde; sie wurden zusammengelegt, mit einer Schnur (*linum*) umwunden und auf dem Knoten versiegelt (*signum*). — **proferri**: nach Sall. Cat. 46,6 hatte sie bis dahin der Praetor Flaccus in Verwahrung. — **iussimus**: der Senat; der Konsul bzw. jeder einzelne tritt hier hinter der Institution zurück (dag. 3,8 *introduxi;* vgl. aber *fid. publ. iussu senatus dedi*); s.u. *ostendimus* ..., *nos* — *incidimus, legimus.* — **primo**: praedikativer Dativ. — **Cethego**: der wohl im Hause Ciceros (vgl. 3,6 *ad me*) verhaftet und jetzt vor den Senat gebracht worden war. — **ostendimus**: das Objekt ist dem Vorhergehenden zu entnehmen (*tabellas, quae* ...). — **signum cognovit**: *die Echtheit* des Siegels. Dieses wichtige Geständnis wird mit betonter Sachlichkeit vorgetragen. — **ipsius manu**: daß die Bestätigung von Ceth. selbst herrührt, dürfen wir der entsprechenden, knapperen Wendung bei Statilius unten entnehmen: *cognovit et signum et manum.* — **sese — facturum**: s. zu 3,9 *ius iurandum.* — **item**: bei gleichem Verbum und Subjektswechsel. — **quae ... recepissent**: *recipere* = *sich verpflichten, versprechen;* der Objektsatz tarnt (vgl. zu 3,12 *erant* ...) den Inhalt der Vereinbarung; s. 3,9 *atque ita sibi — praescriptum, ut* ... — **tum**: gewichtig der Umschwung, bei dem rückblickend (im adversativen Relativsatz) von seinem bisherigen Versuch, abzuleugnen und sich herauszureden, berichtet wird. — **aliquid tamen**: brachylogisch: = (*wenn auch nichts Wesentliches,*) *so doch etwas* = *ein unsicheres Gestammel.* — **quae — deprehensa**: zum neutr. pl. s. zu 3,9 *data*, zur Sache 3,8 A. — **dixissetque**: epexegetisch, um das *aliquid tamen*, das auf die Art seines Redens geht, inhaltlich zu bestimmen und einen Eindruck seines aufreizend unverschämten, weil absolut unglaubwürdigen Entlastungsversuchs zu geben. — **semper**: *immer schon*, um den Umfang der Sammlung zu erklären, und zum Hinweis, daß es keines besonderen Anlasses für die Sammlung bedurfte. — **bonorum ferram.**: Ausdrücke wie *tela* und *arma* meidet er bewußt. Er will ausdrücken, daß diese Dinge für ihn nur einen Sammlerwert (*bonorum studiosus*) haben. — **recitatis litt. — repente**: greift *tum* (nach dem Rückblick *qui paulo ante* ...) wieder auf und bestimmt es genauer. — **debilitatus atque abiectus consc.**: Die Synonyme sind intensiv: er bricht völlig zusammen (vgl. auch *repente* und das inkohative *conticuit*); zu *consc.* s. zu 3,11 *quanta — ostendit.* — **introductus est**: Die Wiederholung (vgl. 3,8 introduxi, 3,9 introducti, 3,12 introductus) kennzeichnet die Unerbittlichkeit und Präzision des Ablaufs der Verhandlung; das zeigt sich auch in der hier besonders knappen asyndetischen Redeweise, die in ihrer Raffung ein rasches und reibungsloses Funktionieren bei dem ähnlich gelagerten Fall (vgl. *in eandem fere sententiam*) des Statilius ausdrückt. — **tum ostendi Lentulo**: daß er die anderen an Bedeutung überragt, zeigt schon das gewichtige *tum*, sodann, daß auch sein Gegenspieler Cic. aus der Anonymität heraustritt und sich ihn besonders vornimmt: *ostendi* 1. pers. sg. — **et quaesivi ...**: er wird anschaulicher und detaillierter und geht zur direkten Rede über. *cognoscere* ist mit Raffinement doppelsinnig gebraucht: zunächst = *agnoscere* das Siegel als echt *anerkennen* (darauf bezieht sich die Antwort des Lentulus), sodann: in dem Siegelbild die Züge des heldenhaften, allbekannten (vgl. das affektische *est vero — notum quidem*) Staatsmannes *erkennen.* In dem Bild, dem Vorbild des berühmten Großvaters, soll der Enkel das eigene Versagen erblicken. — **am. unice**: indem er sich genau entgegengesetzt wie sein Enkel verhielt (vgl. zu 1,4 *clarissimo patre*) und sich trotz hohen Alters am Kampf gegen den Revolutionär C. Gracchus beteiligte und dabei verwundet wurde; vgl. 4,13. — **a tanto scelere:** Die als echt anerkannten Briefe beweisen (nicht nur für Cic.) den Hochverrat zur Genüge. Die weiteren Ableugnungsversuche fallen nur deshalb so unverschämt aus, weil sie so hoffnungslos sind. So resignieren nach schwachen oder verzweifelten Versuchen ausnahmslos alle.

11. **eadem ratione:** abl. modi zu *leguntur* oder abl. qual. zu *litterae;* wohl das letztere, da es wichtiger ist; vgl. 3,10 *in eandem fere sentent.* — **atque ille:** Personenwechsel stark markiert. — **primo quidem ... post autem ... tum ille:** seine Unsicherheit zeigt sich in dem Hin und Her. — **negavit:** er will sich zunächst auf gar nichts einlassen, weil er das für das Sicherste hält. — **toto — exposito atque edito:** die allit. Synonyme *abgelegt und zu Protokoll gegeben* sind die Fachausdrücke der Amtssprache; die Aussagen wurden schriftlich festgehalten; der Ton liegt auf *toto:* er sieht, daß einfaches Abstreiten angesichts des umfassenden Berichtes unzweckmäßig ist. — **surrexit; quaesivit:** (asyndet. =) sehr lebhaft. — **quid sibi esset:** *est mihi tecum, zu tun haben mit,* eine geläufige umgangssprachliche Redewendung. Sie läßt zunächst den Eindruck entstehen, als ob Lent. jede Bekanntschaft abstritte; daher epexeget. die zweite affektische Frage, in der er eine Kontaktaufnahme seitens der Gallier zugibt, sich selbst aber als völlig unschuldig hinstellt. — **itemque:** sc. *quaesivit.* — **qui:** sog. relativische Verschränkung; das Pronomen ist an die Spitze gestellt, um den Wechsel des Subjekts und seine Entgegnung auf das Vorhergehende scharf zu markieren: *qui* = die Allobroger; Volturcius' Reaktion erst 3,12. — **de fat. Sibyll.:** s. 3,9 — **tum ... subito:** infolge der Festigkeit der Gallier der plötzliche (*subito*), kopflose (*scel. demens*) Zusammenbruch. — **quanta — ostendit:** auf dem Höhepunkt der Spannung überraschender Wechsel von der Darstellung zur Deutung des Geschehens; diese soll bei den Hörern die Überzeugung von seiner Schuld aus seinem eigenen Schuldbewußtsein (*conscientia*) festigen; *nam* begründet die Richtigkeit seiner Deutung. — **id:** betont, im Gegensatz zu dem, was er aufgrund der schriftlichen Unterlagen nicht abstreiten konnte. — **ita:** *so sehr.* — **ingen. illud:** seine *Begabung* ist *allg. bekannt;* vgl. *qua semper valuit.* — **dic. exercitatio:** *Rede-*

gewandtheit; Cic. (Brut. 235, 46 a. Chr.) spricht ausführlicher über seinen Redestil und stellt u. a. im Gegensatz zu diesem Urteil eine gewisse *tarditas loquendi* (vgl. dazu 3,6 *tardissime*) fest. — **qua superabat omnes:** im Negativen ist er größer. Während *valuit* konstatierend ist, kommt es hier auf die Beständigkeit seines Charakterfehlers *impudentia* — *improbitasque* an. Wenn solche Eigenschaften versagen, ist wirkungsvoll bewiesen, was die *consc. vis* vermag; obgleich auch keineswegs als von außen kommender Grund für das Geständnis die durch Cicero herbeigeführten Umstände (*propter vim sceleris manifesti atque deprehensi*) übersehen werden sollen.

12. **Volturcius — subito — iubet:** sein Eifer bei der Aufdeckung hat seinen Grund in 3,8 *fidem publicam . . . dedi.* — **quas — dicebat:** vgl. 3,4 *atque huic esse . . . datas litteras.* — **tamen:** ein konzessives Verhältnis zwischen *perturbatus* u. *cognovit* ist befremdlich; von der Mentalität des Lentulus aus betrachtet läge ein kausales näher. Vielleicht ist es von Ciceros Standpunkt aus verständlich, der durch die völlige Kopflosigkeit des Lentulus sein methodisches Vorgehen, das auf ein Geständnis hinzielte, gerade gefährdet sah und jetzt mit Genugtuung *dennoch* den Erfolg konstatierte. — **erant autem —:** *autem* = anknüpfendes δέ; d. impf. zeigt, daß Cicero aus dem Gedächtnis zitiert. Trotzdem trägt der Brief, der nur eine knappe Notiz darstellt, das Kolorit der Echtheit, während der Text bei Sall. Cat. 44,5, der sich mit unserem satzweise deckt, offensichtlich umstilisiert ist. Die Sprache ist aus Sicherheitsgründen (man kennt kein Briefgeheimnis) mit neutralen Wendungen getarnt, hinter denen sich ein leidenschaftliches Drängen verbirgt. Der Text läßt den Absender als das eigentliche Haupt, den Adressaten als das ausführende Organ der Verschwörung erscheinen. — **sed ita:** eine Brachylogie: Der Brief war zwar ohne Absender; *aber* (*sed*) er war *doch so* abgefaßt, daß der Empfänger Bescheid wußte. — **qui** (nicht **quis**) **sim:** Die Sprache meidet hier den Zusammenstoß von -s s- (den sog. Sigmatismus). Angebliche Bedeutungsunterschiede zwischen fragendem *quis* und *qui* lassen sich nicht feststellen; s. E. Löfstedt, Syntactica 2, Lund 1933, 79ff. — **ex eo, quem . . .:** auch der Name des Überbringers sollte getarnt sein. — **vir:** eine auch im Deut-

schen geläufige Prägnanz. — **quem in locum**: emphatisch: *es gibt kein Zurück mehr.* — **vide, ecquid tibi iam sit necesse**: ebenso emphatisch; *ecquid* meint den Aufstand, vgl. Sallust *consideres, quid tuae rationes postulent.* — *iam* = *nunmehr.* — **auxilia**: ist auch doppeldeutig. — **infimorum**: meint die Sklaven; vgl. 1,27; 3,8. — **Gabinius**: wird sehr kurz abgetan. — **cum primo — ad extremum**: wie Cethegus und Lentulus versuchte er zunächst zu leugnen. — **impudenter**: vgl. 3,6 *improbissimum*, aber auch zu Lentulus' *impudentia* 3,11. — **nihil — negavit**: doppelte Negierung, besonders in der Umgangssprache geläufig.

13. **Ac . . .**: Ciceros (*mihi quidem*) überraschende psychologische Argumentation, für die er mit der Anrede das Interesse seiner Hörer gewinnen will. — **argumenta atque indicia**: *die Beweismittel und die Angaben.* — **tabellae — confessio**: ist, wie auch *denique* zeigt, eine Klimax; *tabellae — manus:* ~ *argumenta; confessio:* ~ *indicia.* — **multo certiora**: sind die psychischen gegenüber den sachlichen Indizien. — **color — taciturnitas**: ist ebenfalls eine Klimax, wobei der letzte Begriff genau dem letzten der vorhergehenden Klimax paradox entgegengesetzt ist: (*confessio — taciturnitas*). — **sic enim . . .**: *enim* begründet *multo certiora illa;* das geschieht in der Weise, daß die vorgenannten Begriffe durch kleine Sätze verdeutlicht werden, um die paradoxe Konsequenz *ut — viderentur* plausibel zu machen. — **indicare — viderentur**: dies u. *taciturnitas* (oben) steht nicht im Widerspruch zu *confessio*, die erst dann erfolgte, als alles andere nicht mehr half. — **indiciis — editis**: s. zu 3,11 *toto — edito.* — **de summa re publ.**: *in der Existenzfrage des Staates;* vgl. 4, 13. — **dictae sunt . . .**: das bemerkenswerte Ergebnis der Befragung in lebhafter Satzstellung: das Verbum am Anfang, *sententiae* (hier t. t. für die offizielle Meinungsäußerung im Senat), das Thema der folgenden (3,14f.) Ausführung, markant am Ende des Satzes. — **sine — variet.**: ebenso ist die Geschlossenheit des Senats eindrucksvoll (vgl. dag. die geteilte Stimmung in der 1. und besonders der 4. Rede); natürlich konnte kein Senator den offenkundigen Hochverrat ignorieren. — **perscriptum**: erst durch die schriftliche Aufzeichnung wurde der Senatsbeschluß rechtskräftig.

14. **Mihi:** Cic. ist bemüht, dem Volk einen Eindruck zu geben von den *verba amplissima,* die seine Verdienste herausstellen. Die Wendung macht in ihrer Formelhaftigkeit, bes. dem Trikolon *virtute, consilio, providentia,* den Eindruck der Echtheit; ähnliches gilt für das folgende *opera forti fidelique,* das Cic. dann aber durch die Ich-Form *usus essem* auf seine Person zugeschnitten hat. — **merito ac iure:** betont seine Beurteilung der Maßnahmen des Senats. — **atque etiam:** nach *deinde* eine weitere Abstufung Ciceros, wie das abgemessene *laus impertitur* und erst recht die Begründung dieses Lobes *quod — removisset* zeigt. Es handelt sich um ein taktisches politisches Lob, das den Konsul Antonius Hybrida fester an die Senatspartei binden soll. — **a suis — consiliis:** als Privatmann und als Amtsperson hatte er frühere Verbindungen mit ihnen abgebrochen. — **atque ita censuerunt, ut . . .:** nach den Belobigungen der eigentliche Inhalt des Beschlusses, durch das Wiederaufgreifen von *censere* (s. 3, 13 E) gekennzeichnet; der Text (bis *esse constabat*) imitiert die einförmige Strenge der juristischen Amtssprache. Wieder wird Lentulus gesondert — hier wegen seines Amtes behandelt; s. u. *itemque.* — **abdicasset:** aus der Lage die Konsequenzen ziehend, trat er formal freiwillig zurück, indem er, wie Plutarch, Cic. 19 berichtet, in der Senatsversammlung die toga praetexta ablegte. Eine direkte Amtsenthebung gab es nicht; s. auch zu 1, 21 *iam mihi consuli.* — **in custodiam:** vgl. 1, 19, wo C. seine freiwillige Haft anbietet; auch diese Zwangshaft erfolgte ohne Fesselung, wie Sall. Cat. 47, 3 *in liberis custodiis* hervorhebt. — **itemque:** sc. *censuerunt.* — **uti —:** vgl. zu 1, 4 *uti. . . caperet.* — **qui — erant:** im Ggs. zu den Folgenden, die geflohen waren, s. Sall. Cat. 50, 4. — **atque idem hoc . . .:** Die fünf Flüchtigen, von denen nur Ceparius gefangen und mit den vier zuvor Genannten hingerichtet wurde (s. u. zu *tantaque . . . multitud.*), werden jeweils in einem Relativsatz hinsichtlich ihrer Verschwörertätigkeit (vgl. zu 2, 6 *video, cui . . .*) charakterisiert. P. Furius wird freilich zunächst nur mit dem vielsagenden Hinweis auf seine Herkunft gekennzeichnet: *qui est ex iis colonis . . .;* vgl. 2, 20; sein Betätigungsfeld wird erst danach mit dem seines Trabanten Q. Annius Chilo zusammengefaßt (*qui una cum . . .*). **cum hoc F. — in hac — soll.:** lebhaft mit den entsprechenden

Gesten. — **libertinus homo:** *homo* drückt verächtlich seine Unbekanntheit aus. — **a quo primum — constabat:** Da er lange als Kaufmann in Gallien geweilt hatte, verband ihn persönliche Bekanntschaft mit den Allobrogern. — **atque . . .:** Zusammenfassung und Beurteilung der Maßnahmen des Senats. *ea lenitate* überrascht nach 3,13 *acerrimae . . . sententiae;* es kommt eben auf den Standpunkt an: für den Senat war es schon viel, daß er solche Festigkeit zeigte. In Anbetracht der Größe des Verbrechens hingegen war das Vorgehen mehr als maßvoll. So feiert er die *lenitas* (zum Motiv s. zu 4,11 *quis — mitior*) in überschwenglichen Worten (*tanta — tantaque; domest. host. — perditiss.*) und drängt die Vorstellung *poena* (abl. instrum. in einem abl. abs.) zu Gunsten des *sanari posse arbitrari* ganz in den Hintergrund; zu *sanare* vgl. bes. 2,17. — **tantaque hac multitudine:** variiert *coniuratio*, um den Gegensatz zu der Zahl *novem* zu betonen. Daß nur fünf hingerichtet wurden, steht Sall. Cat. 55,6 und Cic. Sull. 33. — **domest. hostium:** vgl. u.a. 2,12. — **poena:** es umschreibt vorsichtig die Todesstrafe; s. zum *invidia*-Komplex zu 1,28 *invidiae.* Trotzdem ist *poena* eindeutig, da das *in custodiam tradere* nur im Hinblick auf die Hinrichtung erfolgt.

15. **Atque etiam . . . meo nomine:** steigert 3,14 *mihi gratiae verb. ampl. aguntur*, an das es sachlich anschließt. — **supplicatio:** *Dankfest*, zur Sache s. zu 3,23 *ad omnia pulvinaria suppl.* — **meo nomine:** *in meinem Namen, mir zur Ehre;* vgl. 4,5. — **mihi — togato:** in der gewichtigen Sperrung drückt sich sein Stolz über die einzigartige Auszeichnung aus. (Derartige Dankfeste werden in der Republik sonst nur für glücklich beendete Kriege oder erfochtene Siege veranstaltet.) Die Wendung kehrt nicht nur in diesen Reden, sondern auch sonst bei Cic. vielfach wieder. — **et . . . :** epexeg., *decreta* wird nach der Unterbrechung durch den Nebensatz gewichtig wiederholt. — **quae suppl. — hoc interest:** eine weitere Besonderheit dieser *suppl.* — **si conferatur, hoc interest:** Potentialis (verbindlich) mit sog. Realis (bestimmt) gemischt. — **ceterae — haec una:** scharf gegenübergestellt. — **conservata:** davon redete der offizielle Text natürlich nicht (sonst hätte Cic. es nicht verschwiegen); aber Cic. folgerte dies aus dem Wortlaut, und er fand an dieser Konfrontierung solch großes Gefallen, daß er sie nicht nur hier, sondern auch in

anderen Werken wiederholt anführt. Während seine Zeitgenossen die Bedeutung seiner Tat einhellig anerkannten, neigt man seit dem 19. Jh. allgemein zu einer Unterschätzung seiner Leistung gerade infolge seines maßlosen Selbstlobes, das allerdings auch Ausdruck seiner inneren Unsicherheit (s. zu 4,11 *a crudel. vitup.*) ist. — **atque ...**: ein wichtiger Nachtrag: die Konsequenz von Lentulus' Rücktritt, mit einer gewichtigen Überleitungsfloskel *illud, quod ...*, wobei die Floskel der Kurialsprache *factum atque transactum* das folgenschwere Ergebnis der Verhandlung markiert. Was gemeint ist, geht freilich erst aus dem folgenden *nam ...* hervor. — **iudicio senatus**: die Anordnung der *custodia* kann damit nicht gemeint sein, da diese, wie 3,14 ausdrücklich gesagt, erst nach der Abdikation erfolgte. Also bleibt nur das allgemeinere *acerrimae ac fortissimae sententiae* 3,13. Daß darin praktisch, wenn auch nicht juristisch (vgl. die Gegenüberstellung *quamquam — tamen;* wie wichtig die juristisch einwandfreie abdicatio in Wirklichkeit ist, beweist Cicero selbst im folgenden: *ut, quae religio ...*), der Verlust des Amtes lag (vgl. 4,5 *coegistis*), geht daraus hervor, daß Lentulus diese Konsequenz zog. Jetzt bot sich erst die Möglichkeit der Haft. Zur Todesstrafe, auf die Cic. mit seinem Beispiel Marius — Glaucia unmißverständlich verweist, bot sich aber damit noch keine Handhabe; deshalb fügt er, das Urteil des Senats überinterpretierend, *verum etiam civis* hinzu, was die Rechtslage freilich gänzlich verändert. — **religio**: *Bedenken*, daher *quominus* angeschlossen, mit gewichtiger Wiederholung *ea — rel.* — **praetorem — in privato**: Wieder (s. zu 1,28 *mosne maiorum*) sucht er das Vorgehen gegen die Verschwörer mit einem viel radikaleren Beispiel aus der Geschichte zu rechtfertigen; bemerkenswert ist dabei auch die Variatio *occideret — puniendo* (s. zu 3,14 *poena*); hier besteht nicht mehr der geringste Zweifel daran, was sich hinter dem harmloseren Ausdruck verbirgt. — **occideret**: am 10. 12. 100 war das sen. cons. ultimum, das allgemein (*nihil nominatim*) gehalten war (Cic. Rab. perd. 20: *operamque darent, ut imperium p. R. maiestasque conservaretur*), an dem Praetor u. Konsulatskandidaten C. Servilius Glaucia u. dem Volkstribunen L. Appuleius Saturninus wegen Ermordung des Konsulatskandidaten C. Memmius vollstreckt worden; und zwar wurden sie von der Volksmenge erschlagen, während Marius, der ihnen politisch nahestand, sie viel vorsichtiger behandeln wollte. Das biegt Cic. hier in seinem Sinne zurecht.

16. **Nunc . . .** : der neue Hauptteil, der nach der Darstellung der Ereignisse (3,3ff.) die Bedeutung des Erreichten und die Rechtfertigung seines Vorgehens gegen C. behandelt, setzt, wie 3,1 *videtis*, mit der abschließenden Feststellung des Erreichten in pathetischer Sprache (die Superl. *consc.* u. *pericul.*, die Synonyme *captos — et comprehens.*) ein. — **captos — tenetis:** resultativ statt *cepistis;* der Zustand drückt das Endgültige aus. — **existimare deb.:** ist Zweckoptimismus. — **omnes — concid.:** was bald von den Tatsachen widerlegt wurde. — **Catilinae:** das Stichwort für 3,16 f. — **spes atque opes:** eine beliebte Verbindung. — **quem —:** Die Gefährlichkeit Catilinas im Vergleich zu den gefangenen Verschwörern, gefolgert aus einer Konfrontierung seines Charakters, seiner Fähigkeit mit den Qualitäten der anderen Verschwörer, wobei er diese verächtlich zu machen bemüht ist. — **ego cum — pellebam, hoc providebam:** Bei seiner Voraussicht des jetzt Eingetroffenen war sein damaliges Drängen das einzig Richtige, insofern ist seine Umsicht der Gerissenheit eines Catilina noch überlegen und er der wirkliche Meister der Situation; das muß man bei der folgenden Charakteristik im Auge behalten. — **P. Lentuli somnum:** s. zu 3,6 *praeter cons.* — **adipes:** (*adipis m.*) *Fett*, plur. = *Schmerbauch;* vgl. dag. die Aktivität des L. Cassius 3,14 *atque idem hoc.* — **Ceth. furiosam temeritatem:** Sall. Cat. 43,4 *natura ferox, vehemens, manu promptus erat.* — **ille — unus:** scharf (ohne Adversativpartikel) konfrontiert; vgl. die Schwarzweißzeichnung *non . . . pertimesc. — timendus.* Seine Charakteristik (vgl. 1,26 u. 2,9) erfolgt in einer Klimax nach drei Gesichtspunkten, die in mehreren Wendungen wiederkehren: 1) seine Schläue und Gerissenheit (*omnia norat, aditus, consilium*). 2) sein Geschick in der Menschenbehandlung (*appellare — poterat; lingua; certos homines*). 3) seine Verwegenheit und Zähigkeit (*audebat; manus; nihil —, quod non ipse*). — **sed tam diu:** vgl. oben *nunc — omnes — concidisse.* — **dum . . . :** zur Sache vgl. z. B. 1,10. — **omnia . . .:** (prägnant) ~ *alle Schliche*, wie durch *aditus etc.* verdeutlicht wird. — **tenere:** oft im Sinne von *intel-*

legere (vgl. *memoria tenere*), paßt aber auch zum Bild *aditus*. — **appellare** — **sollicitare**: eine Klimax. — **temptare**: *versuchen, bearbeiten.* — **audebat**: asyndet. u. absolut (ohne Objekt); zu *audacia* s. zu 1, 1 *f.* — *audac.* — **consilium** — **consilio**: die *Fähigkeit zu planen* — *der gefaßte Plan.* — **facinus**: im klassischen Gebrauch meist pejorativ. — **iam . . . poterat**: führt *manus* — *lingua* chiastisch in einer Descriptio aus. — **certas** — **certos**: die Exaktheit seiner Planung, ähnliches wird mit den Synonymen *delectos ac descriptos* ausgedrückt. — **aliquid**: die Mannigfaltigkeit seiner Aufträge im Gegensatz zum jeweiligen konkreten Inhalt *certas* — *certos.* — **obiret** — **famem**: *obiret, occurreret* (allit. u. steigernd), *vigilaret, laboraret* (steigernd); *laboraret* im folgenden spezifiziert: *frigus, sit., fam.* eine geläufige Zusammenstellung; s. 2, 9 u. vgl. auch 1, 26 — **ferre**: allit. zu *frigus* u. *fam.*

17. Die Gefahren, die Rom gedroht hätten, wenn dieser eben charakterisierte C. in der Stadt geblieben wäre, werden der tatsächlichen Lage wirkungsvoll gegenübergestellt. — **ego . . .**: (s. zu 3, 16 *ego cum* — *pellebam*) führt von der Beschreibung zur Handlung zurück. — **tam**: mit fünffacher Wiederholung, resümiert 3, 16. — **in scelere** — **in perditis rebus**: diese Beifügungen nach dem Gesetz der wachsenden Glieder. — **ex dom.** — **latrocinium**: vgl. 2, 1 — **dicam**: die Parenthese kündigt das Folgende gewichtig an. — **molem mali**: allit. — **molem** — **cervicibus**: ein eindrucksstarkes Bild, das übrigens nicht allzu selten ist. — **depulissem**: in Anlehnung an *compul.* gewählt; die erste Person betont: selbst er hätte das nicht leicht geschafft. — **Saturnalia**: also nicht wie die anderen Verschwörer (3, 10), sondern eher wie der radikale Cethegus. — **tanto ante**: *solange vorher;* vgl. zu 3, 10 *Sat.* — **exitii ac fati**: der zweite Begriff der Synon. ist emotionaler, düsterer. — **quae nunc . . .**: kontrastiert mit den geschilderten Gefahren den glücklichen Ausgang des wirklichen Geschehens in einem krassen Vergleich. — **quoad fuit**: brachyl., sc. *in urbe.* — **occurri atque obstiti**: ~ *mit Umsicht, aber auch mit Energie.* — **ut levissime dicam**: *um es ganz leicht zu sagen, gelinde gesagt;* wieder eine ähnliche Parenthese wie oben, um seinen Worten, die sich mit überwundenen imaginären Gefahren befassen, dennoch bei seinen Hörern das notwendige Interesse zu sichern.

— **dimicandum**: d.h. nach der Parenthese: *wenn wir dazu überhaupt noch Gelegenheit gehabt hätten.* — **fuisset**: auch beim Gerundivum wird nicht selten die Irrealität im Modus ausgedrückt, namentlich wenn sie besonders betont werden soll. — **tantis periculis**: abl. separ. — **tanta pace ...**: abl. modi. — **pace — otio — silentio**: eine sinnfällige Klimax.

18. **Quamquam ...**: seine Leistung ist nur Ausführung des göttlichen Willens. Der Zweck dieser affektierten Bescheidenheit ist der, daß sich seine Maßnahmen somit als unanfechtbar dartun und jeglicher Kritik der Boden entzogen wird. Der Wille der Götter wird entsprechend der Mentalität seiner Zuhörer mit einer Fülle von Prodigien demonstriert. — **administrata**: s. zu 2,28 *administrabo.* — **nutu atque consilio**: diesen Synonymen entsprechen die Verben *gesta et provisa; nutus* ist der im Zeichen sich äußernde *Wink* (zu *nuere* = *winken*) der Götter, ein zentraler Begriff römischer Religiosität, dem die gehorsame Ausführung (*gesta*) durch die Menschen entspricht, während *consilio* u. *provisa* die sinnvolle Planung, die der Willensäußerung und dem Handeln zugrunde liegt, bezeichnet — **videantur**: höflich, nicht skeptisch. — **nam ...**: unter ausführlicher Angabe der Prodigien, bzw. eines besonders offenkundigen: „Diese Anzeichen, außergewöhnliche Naturereignisse und Schreckenszeichen (*prodigia*), die darauf hinweisen, daß das normale Verhältnis zwischen Gemeinde und Gottheit eine Störung erfahren hat und der ersteren daraus ernste Gefahren drohen, konnten ihrer Art nach sehr verschieden sein, von den häufigsten und am wenigsten bedrohlichen, dem Blitzschlag, an bis zu Sonnenfinsternissen, Stein- und Blutregen, Mißgeburten ... und anderen beängstigenden Abweichungen vom natürlichen Lauf der Dinge". (frei zitiert nach Wissowa, Rel. u. Kultus d. Römer, Mchn. ²1912, 390f.). — **omittam**: D. Präteritio (s. zu 1,7 *nam — praeter.*) ist mit d. anaph. *ut* u. d. Variation der Verben (*omittam—relinquam—omittam*) reich gegliedert, da sie den Eindruck großer Fülle erwecken soll; vgl. das zusammenfassende *cetera, quae tam multa.* — **nobis consulibus**: also nicht etwa weit zurückliegende Dinge, so daß man diese schon mit Recht als Ankündigungen der jetzigen Ereignisse ansehen darf (= *ut — canere di — viderentur*). — **canere**: t. t. vom

Künden der Zukunft, die in entsprechendem Tonfall vorgetragen wurde (vgl. gr. ἐπᾴδειν). – **hoc certe** –: Die Transitio mit dem gespreizten *hoc* —, *quod sum dict.* — kündigt das Folgende gewichtig an.

19. **Profecto:** bei subjektiver Gewißheit. — **mem. tenetis:** der Hinweis auf ihr eigenes Gedächtnis soll ihre Aufmerksamkeit und ihr Interesse anspannen, sie in die Ereignisse miteinbeziehen. — **Cotta et Torq. cons.:** im Jahre 65; in der vollen Formel mit dem Pränomen fehlt die Kopula meist; vgl. zu 2,12 *ad patres consc.* — **complures — res:** wird im nachfolgenden temporalen *cum*-Satz an den wichtigsten Beispielen in der Figur der Disiunctio, die für *percussas* jeweils ein anderes anschauliches Verbum setzt, erläutert. — **de caelo — percussas:** vom Blitz, s. *tactus.* — **simulacrum:** (wie 3,20 *signum*, häufig = ἄγαλμα) (auch ohne *deorum*) *ein Götterbild.* — **statua:** häufig (= ἀνδριάς, auch ohne *hom.*) *Bildnis eines Menschen.* — **veterum:** Es sind Statuen schon aus der Zeit vor dem Gallierbrand gefunden. Die Sitte, derartige Statuen aufzustellen, breitete sich immer mehr bis zur Unsitte aus. — **depulsa — deiecta:** synonym, s. zur Disiunctio. — **aera:** die in Erz gegrabenen Gesetze, die auf dem Kapitol standen, ebenso wie die Götterbilder und Statuen von (nicht mehr zu identifizierenden? — so hört sich *veterum* an —) Menschen früherer Zeiten. — **qui . . .:** der periphrasierende Relativsatz schiebt den Namen gewichtig hinaus, dag. fehlt er 3,2 überhaupt. Remus ist selbst in diesem Zusammenhang nicht erwähnt; vgl. dag. de div. 2,45 *simulacra deorum Romulusque et Remus cum altrice belua vi fulminis icti conciderunt.* — **quem . . .:** die Beschreibung der Plastik (des Romulus und der Wölfin). — **lactare:** *säugen, saugen.* — **inhiare:** *schnappen nach.* — **fuisse meministis:** Wieder werden die Zuhörer mit einbezogen. Jetzt stand die Plastik nicht mehr da. — Es handelt sich um die bekannte Darstellung des 6. Jahrhunderts, bei der die Knaben eine Nachbildung der Renaissance sind. Sie stand auf der Zinne des Juppitertempels auf dem Kapitol. Die Wölfin weist Spuren von Blitzeinschlag auf. — **haruspices ex — Etruria:** die Eingeweideschau kommt von den Etruskern, das Wort ist aber (auch in seinem ersten Bestandteil) nicht etruskisch, sondern faliskisch, m.a.W. idg. — **tota Etr.:** hebt das Ausmaß der Aktion hervor; ebenso das

Kompositum *convenissent.* — **haruspices:** das übergeordnete Subjekt im Nebensatz. — **dixerunt . . .** (u. 3,20) **iusserunt . . . ac dixerunt:** die Bedeutsamkeit ihrer Äußerungen markierend. — **omni ratione:** *durch alle möglichen Mittel.* — **placati:** ob diese Mittel die Versöhnung erreichen, läßt sich nur an den Auswirkungen erkennen. — **numen:** vgl. zu 3,18 *nutu atque consilio.* — **prope fata ipsa:** nach der allgemeinen Anschauung der Zeit steht das *fatum* noch über den Göttern; sie haben also, offensichtlich versöhnt, *nahezu* (*prope,* vgl. zu 1,27 *patr. querim.*) Unmögliches zur Abwendung der Gefahren geleistet. — **flexissent:** vorzeitig zu *appropinquare;* statt eines coni. fut. exact., da *appr.* zukünftige Bedeutung hat.

20. **Itaque . . .:** die Versöhnungsversuche. — **responsis:** abl. causae *aufgrund; resp.* t. t. *der Bescheid* (auf eine Anfrage) der Priester (oder der Rechtsgelehrten). — **ludi:** die ausschließlich kultischen Ursprung haben; sie zerfallen nach ihrem Inhalt in *circenses* u. *scaenici,* nach ihrer Anberaumung in ordentliche (*ludi Romani*) u. außerordentliche (*l. votivi*). — **res ulla, quae . . .:** z.B. Opfer, Lektisternien u. Sellisternien, Lustrationen, Supplikationen (s. zu 3,23 *ad omnia pulv. suppl.*), Bittprozessionen. — **idemque:** zur Form s. zu 3,2 *idemque.* — **iusserunt:** mit inf. statt a.c.i. — **simulacrum . . .:** ein bes. wichtiges *responsum,* das uns einen guten Einblick in ihre magische Praxis gewährt. — **maius:** um den Gott geneigter zu machen. — **in excelso:** = *in excelsa columna* (s. div. 1,21), wodurch er noch gewaltiger erschien. — **contra atque antea fuerat:** das war überhaupt ein einleuchtender Grundsatz bei solchen *responsa:* da das Bisherige ja offensichtlich keinen Segen brachte, mußte man es anders und damit womöglich besser machen. Die Begründungen für konkrete Maßnahmen sind aber im Magischen, im handfesten Analogiezauber verhaftet, wie die Begründung für die letzte Anordnung *ad orientem convertere* zeigt: *solis ortum* ~ *clam* — *inita* — *illustrarentur; forum curiamque* ~ *a senatu populoque R. perspici.* — **se sperare:** die Hintertür, die sie sich natürlich aufhalten mußten. — **illud s., quod videtis:** (*signum* = *Standbild*) mit dramatischem Effekt von dem *responsum* in die Gegenwart, in der das *responsum* ausgeführt und bestätigt ist, mit lebhafter rückwärtsweisender Gebärde und der Anrede an die vor ihm

stehenden Hörer. — **atque ...:** die Vorgeschichte bis zur heutigen Aufstellung der Statue. — **consules illi:** s. 3,19; die Zensoren, die eigentlich für derartige Dinge zuständig waren, hatten in diesem Jahr ihr Amt niedergelegt. — **locare:** *vermieten, in Auftrag geben.* — **tanta — tarditas:** div. 2,47 *redemptor* (*Lieferant*) ... *non inertia aut inopia tardior fuit, sed ab dis immortalibus ad istam horam reservatus est.* — **superioribus cons.:** des Jahres 65 und 64.

21. **Hic ...:** an diesen frappierenden Tatbestand schließt sich die lebhafte rhetorische Frage an (mit Anapher: *tam — tam — tam*, Paronomasie: *aversus a vero* und Klimax: *aversus a vero* (dieses im Gegensatz zum Folgenden ein einfacher, unverschuldeter Irrtum) — *praeceps* — *mente captus*). — **nutu ac potestate:** Eine polare Floskel für die Allmacht der Götter. — **etenim ...:** begründet mit *sensistis* (*ihr habt es ja erfahren*). Der Satz enthält aber eine leichte Inkonzinnität, verursacht durch die lebhafte Epexegese *et ea per cives;* er sollte wohl lauten: *Denn damals, als der Bescheid kam, glaubte es zwar niemand, jetzt habt ihr es aber erfahren.* Der Inhalt des *responsum* 3,19 wird noch einmal verkürzt wiederholt, wobei der Zusatz *et ea per cives* die geläufige Wendung *bellum civile ac domesticum* variiert und herausstreicht. — **non modo cogitata — verum etiam suscepta:** 3,20 *ea consilia — clam — inita* ist hier durch *suscepta* weitergeführt. — **illud vero nonne ...:** in der rhet. Frage geht es nicht mehr um den Vorgang als solchen (3,20 *neque — ante hodiernum diem collocaretur*), sondern um seine Deutung als offenkundiges Eingreifen des Gottes, den die Statue darstellt: *ita praesens — ut nutu ...*, wodurch Cic.s Anordnung (*meo iussu*) als absolut richtig bestätigt wird. Die Einzelheiten des Geschehens sind hier genauer verzeichnet als oben: *hod. die mane — eo ipso tempore* unterstreicht den καιρός. — **per forum:** von wo aus die Errichtung beobachtet werden konnte. — **quo collocato ... converso:** Hinter der Zeitangabe steht natürlich der ursächliche Zusammenhang, wie durch die Ausdrucksweise *ad vos senatumque — et senatus et vos* hervorgehoben wird. — **vidistis:** So offenkundig ist dieser Zusammenhang.

22. **Quo etiam maiore — odio ...:** Wenn die Götter so sichtbar helfen, dann muß ein Frevel, der sich auch gegen sie

richtet, besonders streng bestraft werden. — **domiciliis — delubris:** zwei polare Begriffspaare; das erstere ist jeweils das Prächtigere (*domicilium* ~ *Palast* und *templum*), das zweite das Bescheidenere (*tectum, delubrum*). — **funestos ac nefarios:** die Auswirkung (*funestos*) u. die Beurteilung (*nef.*) der Verschwörung. — **nimium mihi sumam:** diese Bescheidenheit — als Gegenbild zum folgenden — gilt nur den Göttern gegenüber; der gezierte Potentialis statt eines Irrealis fällt auf. — **ille, ille . . .:** ein hymnisches Lob des Retters (konjunktionslos angeschlossen, mit Geminatio und Anapher und entsprechender Gebärde. Geminationen begegnen vornehmlich bei Pronomina, Interjektionen und Imperativen). — **Capitolium — vos omnes:** eine Klimax: *von dessen Standort aus — bis zu euch hin.* — **haec templa:** *t.* sind nicht nur die *aedes sacrae* der Götter, sondern auch die ‚profanen' Örtlichkeiten, die für die Staatsakte bestimmt sind, wie z. B. die Curie, das Comitium, die Rostra, an die hier mit zu denken ist; s. zu 4,2 *campus consecr.* — **dis — ducibus:** je mehr sich seine Person in *mentem voluntatemque suscepi atque — perveni* in den Vordergrund drängt, um so mehr dienen die Götter in dem floskelhaften *dis — ducibus* nur noch zur Glorifizierung dieser seiner Person. — **iam vero . . .:** *und nun aber erst;* vgl. 2,8; deutlicher noch als in seinem eigenen Verhalten zeigt sich das Eingreifen der Götter (vgl. das starke *ereptum*) in der unbegreiflichen Unbesonnenheit der Feinde des Vaterlandes. — **res creditae — commissaeque litterae:** s. zu 3,4 *cum litteris mandatisque.* — **huic tantae audaciae:** verhält sich gegensätzlich zu *consilium*, bei all ihrer Entschlossenheit gelingt es ihnen nicht, da die Besonnenheit fehlt. — **quid vero:** die rhet. Selbstfrage (Percontatio), die aufhorchen machen soll, führt ein noch offenkundigeres Beispiel für das Eingreifen der Götter an. Daß sich in Wirklichkeit beide Argumente als ein Komplex (*res creditae et ignotis et barbaris* ~ *ut homines Galli — vestramque salutem — anteponerent*) gegeneinander abschwächen, geht im rhetorischen Pathos unter. — **homines Galli:** emphatisch auf den Nationalcharakter verweisend (vgl. 4,13 und bes. Sall. Cat. 40,1 *natura gens Gallica bellicosa* und 52,24 *Gallorum gentem infestissimam nomini Romano*), wie er im Relativsatz *quae bellum* . . . deutlicher zum Ausdruck kommt. —

ex civ. male pacata: die Allobroger waren 66 vom Prokonsul C. Piso niedergeworfen worden, 61 erhoben sie sich wieder. — **una restat:** vgl. dag. 2,11 *omnia sunt externa — pacata*, beides überspitzt aus der Situation heraus gesagt. — **et posse et non nolle:** sehr nachdrücklich, besonders die Litotes. — **imperium:** hier *Selbständigkeit*, verdeutlicht durch die Epexegese *ac rer. max.* — **a patriciis hom.:** also von vertrauenerweckenden, einflußreichen Leuten; aber es steckt darin auch Ciceros Polemik gegen das ehrlose Verhalten (*ultro — oblat.*) dieser Patrizier; s. zu 2,26 *quamquam* ... — **ultro — oblatam negl. vestramque ...:** Gegenbild und Bild des Paradoxons, das nur als göttliches Eingreifen (*divin. factum*) gedeutet werden kann.

23. Der Schluß der Rede setzt ein mit der Aufforderung zum Dank an die Götter und zum dankbaren Gedenken des Konsuls, der den Willen der Götter so glücklich ohne Kampf vollziehen konnte. — **quam ob rem ...:** will den Eindruck von Jubel und Freude anläßlich der Rettung aus größter Gefahr erwecken. — **quoniam ...:** die offiziellen Maßnahmen. — **ad omnia pulvinaria supplicatio:** Mit der altrömischen *supplicatio*, einem *Bitt- und Dankfest*, an dem das ganze Volk, Männer, Frauen und Kinder, bekränzt mit Lorbeerzweigen in den Händen zu den Tempeln geht, die sämtlich während dieser Tage offenstehen und in denen man Wein und Weihrauch opfert, verbindet sich oft das aus griechischem Kult hergeleitete *lectisternium* (~ *ein Göttermahl*). Dabei wird den Statuen der aus dem Griechischen übernommenen Götterpaare, die in ihren Tempeln auf ein *pulvinar* (*ein mit Kissen versehenes Lager*) gesetzt sind, ein Mahl vorgesetzt. — **decreta est:** von den Priesterkollegien der *decemviri sacris faciundis*. — **nam ...:** die innere Berechtigung zum Feiern, wie *quoniam* ... die äußere Vorbedingung angibt. — **multi saepe — iusti — iustiores numquam:** die Neigung zu extremer Ausdrucksweise mit dem negierten Komparativ ist typisch umgangssprachlich; Ciceros Briefe z.B. sind voll davon. — **erepti enim:** die Begründung in einem ausführlichen Vergleich der jetzigen Situation mit entsprechenden Ereignissen der römischen Geschichte (3,24). — **erepti — erepti:** das erste Glied zeigt die Größe der Gefahr (*ex — interitu*), das zweite die bemerkenswert glück-

lichen Umstände der Errettung; *sine caede, sine sanguine = ohne das immer wieder angedrohte allgemeine Morden* (vgl. z. B. 3,25 *infinitae caedi*), *ja sogar* (die Anapher) *ohne jegliches Blutvergießen.* — **vicistis:** variiert stolz das vorhergehende *erepti.* Das berühmte Paradox *togato duce* . . . ist hier um die Pointe *togati* erweitert.

24. **Etenim recordamini, Quirites . . .:** leitet unter Anregung der Aufmerksamkeit der Zuhörer zu dem Gang durch die Geschichte über, der die Behauptung *erepti enim estis* . . . belegen soll. — **omnes — dissensiones:** im folgenden polar (*non solum — sed*) aufgegliedert in ältere (*audistis*) und selbst (*vosmet ipsi* betont) erlebte (*meministis atque vidistis* = Hendiadyoin ~ *aus eigener Anschauung kennen*). Auf diese zeitgeschichtliche Betrachtung beschränkt Cicero sich wegen des Interesses, das er hierfür bei seinen Zuhörern erwarten kann; vgl. 1,3; dort heißt es sogar vor dem Senat: *Nam illa nimis antiqua praetereo.* Die Darstellung, die sich auf die Tatsachen beschränken will, besteht — abgesehen von der Phrase *ne dici quidem opus est, quanta* . . . — nur aus einfachen Hauptsätzen. Der anreihende Stil ist jedoch durch den Wechsel der Satzstellung, durch die häufige Voranstellung des Verbums, durch das Fehlen von Konjunktionen (nur einmal begegnet *tum*) sehr lebhaft. Nach dem ersten Beispiel (Sulla) stellt sich folgende viermal wiederholte und die Unerbittlichkeit des Verhängnisses ausdrückende Gliederung ein: ein asyndetisches Satzpaar berichtet im ersten Satz die Maßnahmen des Machthabers, im zweiten die schrecklichen Auswirkungen auf die Bürgerschaft. — **custodem h. urbis:** als Retter Roms vor den Cimbern und Teutonen, s. 4,21. — **multosque fortes viros:** nach dem Historiker Velleius Paterculus (2,19,1) waren es mit Marius zwölf. — **Cn. Octavius:** Kons. 87, zur Senatspartei gehörig. — **collegam:** der Popular L. Cornelius Cinna, der gleich nach der Abreise Sullas in den Osten zum Krieg gegen Mithridates den Plan des P. Sulpicius wieder aufgreift, alle Neubürger auf alle 35 Tribus zu verteilen. — **acervis — redundavit:** ein sehr kühnes Bild, wobei das zeugmatisch gebrauchte *redundare* eigentlich nur zu *sanguine* paßt. — **superare:** absolut gebraucht, wie 4,23. — **postea:** gegen Ende des Jahres 87. — **cum Mario:** der aus seiner Verbannung in Afrika zurückgekehrt war und

ein großes Heer und eine Flotte ausgerüstet hatte. Der Senat wurde zur Kapitulation gezwungen. Für 86 zum Konsul gewählt, starb Marius in den ersten Wochen seines Amtes. Die Schreckensherrschaft, die Ende 87 eingesetzt hatte, verschärfte sich nach Marius' Tod noch. — **lumina civitatis**: noch bedeutendere als die zuvor genannten *clariss. viri*, wie der Konsul Cn. Octavius, der Redner M. Antonius, der Sieger im cimbrischen Krieg Q. Lutatius Catulus, der pontifex maximus Q. Mucius Scaevola und viele andere; *lum.* eine bei Cic. nicht seltene Metapher. — **postea**: im Jahre 82. — **ne dici quidem . . .**: eine Form der Praeteritio, womit die letzte Stufe der Klimax für die Kennzeichnung des Verhängnisses erreicht ist. — **quanta deminutione**: das Ausmaß der Proskriptionen. — **M. Lepidus**: der Konsul des Jahres 78, der die sullan. Reformen wieder aufheben wollte und deshalb von seinem Kollegen bekriegt und besiegt wurde. Er starb 77 auf Sardinien (*ipsius interitus*). — **non tam — quam ceterorum**: eine pointierte Ausdrucksweise dafür, daß sein Tod im Gegensatz zu dem der übrigen, die in diesem Kampf fielen, für den Staat kein Verlust war.

25. Die paradoxe Diskrepanz zwischen Absicht und Ergebnis bei den früheren Revolutionen und der jetzigen Revolution ergibt mit der Vielfalt von Bezogenheiten, Konfrontierungen und Parallelisierungen ein Paradestück rhet. Kunst, dessen Ziel es ist, wieder einmal die einzigartige Leistung Ciceros herauszustellen (*ita me gessi*). Der Hauptgegensatz a) *illae — dissensiones* — b) *in hoc autem uno* ist jeweils nach Absicht und Ergebnis, die sich zueinander entgegengesetzt verhalten, geschieden. — **erant eius modi — eius modi fuerunt**: der Tempusunterschied stellt heraus: *sie waren von solcher Art, hatten solche Tendenz — sie führten aber zu solchem Ergebnis* (wenn nicht der zweite Satz *Atque — diiudicatae sint* eine Doublette darstellt; vgl. H. Fuchs, Hermes 87, 1959, 467, 2); zu *non reconcil. concordiae* vgl. bes. 4,15 *ad communem salutem — consentiunt*, 4,18 *omnes ordines ... consentiunt*. Während im ersten Teil die Ziele mit den Ergebnissen ohne Namennennungen angeführt werden, spitzt sich der zweite Teil auf die Konfrontierung der Absichten des Lentulus, Catil., Cetheg., Cassius einerseits und der Erfolge

seiner Person, die alle ihre Absichten zunichte machte, andererseits zu. — **in hoc autem uno . . .**: allen bisherigen wird die Einzigartigkeit dieser Verschwörung und ihr Verlauf mit entsprechenden Praedikationen gegenübergestellt. — **post hom. mem. . . .**: Die abgeblaßte Floskel erhält zur Charakterisierung der Einzigartigkeit der Verschwörung ihren ursprünglichen Sinn zurück: auch Sallust erblickt in dieser Verschwörung den absoluten Tiefpunkt der röm. Geschichte. — **barbaria**: *Barbarenland*, ~ *barbari*. — **cum sua gente**: *gegen seine Einwohner*. — **lex haec**: sarkastisch (die betonte Stellung des Pronomens), für die Pervertierung jeglicher Rechtsordnung. — **Lentulo — Cassio**: die Namen betont. C. ist wohl aus stilistischem Grunde (d. Allit. von *C*) an die zweite Stelle gerückt; vgl. zu seiner Bedeutung 3, 17. — **salva urbe salvi**: das Wortspiel meint hier mit *salvi* bes. die, die in wirtschaftlich gesunden Verhältnissen leben, vgl. 2, 18 und 2, 20; dag. ist es unten *salvi omnes* ganz allgemein gesagt. — **Quirites**: die Anrede, um die Aufmerksamkeit auf sein Verhalten zu lenken: *ita me gessi*.

26. **Praemium virt.**: darunter versteht man i. allg. ein Amt. — **nullum monumentum**: Das ist nicht einfach Phrase, weil er derartiges nicht zu erhoffen hätte. Bei anderer Gelegenheit (Att. 5, 21, 7) hat er dies für sich auch abgelehnt; ähnliches äußert übrigens auch der alte Cato (or. 33, 8). — **in animis . . .**: Um so mehr nimmt er die metaph. Auszeichnungen für sich in Anspruch. — **mem. sempiternam**: bezeichnend für d. hohe Einschätzung seiner Tat. Indirekt haben seine eigenen Reden ihm diese *memoria sempiterna* gesichert; vgl. aber auch zu 3, 15 *conserv.* — **condi et coll.**: die allit. Synonyme passen nur teilweise zu den Objekten, am besten zu dem kräftigen *monumenta*. — **nihil — tacitum**: wie die eben genannten Dinge; vgl. dag. das paradoxe (*dignitas*) *tacita defendet* 3, 27. — **nihil denique**: steigernd und das negative *mutum — tacitum* in seinem Wert klarer umreißend. — **minus digni**: sc. *als er;* da er diesen allzu anmaßenden Vergleich nicht ausspricht, kann er im folgenden etwas zurückstecken und Pompeius miteinbeziehen. — **memoria . . .**: der wichtige Gedanke in der Figur der Disiunctio einprägsam vorgetragen: jeweils einem Glied der Klimax *mem.* — *serm.* — *litt. monum.* (noch einmal hier

die Metapher) sind die Verben, die dem Wachstum des Menschen entlehnt sind (*alentur — crescent — invet. et corrob.*), zugeordnet; zu *serm. cresc.* vgl. z. B. Verg. Aen. 4, 176f. von der Fama: *parva . . . primo, mox — ingrediturque solo et caput inter nubila condit;* auch Ovid. metam. 12,57f. *mensuraque ficti crescit;* zu *monum. invet. et corrob.* vgl. Horaz c. 3,30,1 *Exegi monumentum aere perennius* u. dazu V. Pöschl, Horazische Lyrik, Heidelberg 1970,248ff. — **nostrae res**: durch das zuvor angeführte *omnes triumphos* ... bestimmt. — **eandemque diem — propagatam esse — ad . . .** : *daß ein und dieselbe Frist, von der ich hoffe, daß sie ewig dauern wird, gesetzt ist für . . . ;* d.h. sein Ruhm wird mit der Existenz dieses Staates immer verbunden bleiben. — **intellego . . .**: in subjektiver Gewißheit. — **unoque tempore . . .**: bei seinem starken Selbstlob fällt sein Blick auf den größten Feldherrn seiner Zeit; der Vergleich mit ihm, den er so oft angestellt hat, drängt sich ihm wieder auf; da sie in verschiedenen Bereichen die Größten sind, stellt sich zwischen ihnen keine Rivalität ein. — **non terrae, sed caeli . . .**: vgl. zu 4,21 *regionibus ac terminis;* Rom beherrscht die Welt, nur die Götter stehen noch über ihm. — **imperii domicilium sedesque**: vgl. 3,1.

27. **Sed . . .**: der Unterschied beim Vergleich *non eadem* (die Litotes umschreibt seine ungünstigere Lage) —*fort. atque cond. . . .* ; s. 2,14 *o condic. miseram . . .*; 4,22 *condicio melior externae victoriae.* — **cum iis vivendum**: die Anhänger Catilinas, soweit sie nicht geflohen waren; s. 2,18ff. — **reliquerunt**: sc. auf dem Kampfplatz. — **vestrum est, Quirites, . . .**: Mit eindringlichem Appell (Anrede u. zweifaches *vestrum est prov.*) u. zugleich mit stolzer Genugtuung (*quamquam —*) verhüllt er seine Furcht vor der *invidia* (s. zu 2,4 *Sed cum vid.*), in der Erwartung, durch diese captatio benev. die Bereitschaft zu seinem Schutz nachhaltig zu wecken. — **prosunt — obsint**: Die pointierte Gegenüberstellung soll die Berechtigung seiner Forderung unterstreichen; noch deutlicher wird das im Folgenden: *ego providi — vestrum est providere.* — **quando**: das Unbestimmte und eben dadurch Gefahrdrohende einer dunklen Zukunft; s. zu 1,22 *video.* — **mihi — nihil — noceri potest**: Weil ihn seine Tat,

sein Ansehen selbst für alle Zukunft schützt (*in perpetuum* u. *semper — defendet;* zu *tacita* s. zu 1,18 *tacita loquitur*), weil das Gewissen (s. 3,11 *conscientiae vis*) die Schlechten selbst verrät. — **in bonis:** vgl. 1,1; 1,32 u. 2,28; eine konkrete Vorstellung von den *boni* vermittelt 4,15ff. *ceteri vero* — — **quam qui:** sog. relativische Verschränkung = *et qui eam.*

28. **Est enim . . .:** Seine Sorge überspielt er mit kühnen Worten. — **quodsi —:** Ein Bedenken bleibt noch, weshalb sie sich seinen Schutz angelegen sein lassen sollten: *Es geht um eure Ehre* (*vobis erit videndum* —, *qua condicione* . . .); *daher kann es euch nicht gleichgültig sein, mir aber durchaus* (*mihi quidem* . . .), *der ich die höchste Ehre von euch erlangt habe* (*cum praesertim — in honore vestro* . . .). Je uneigennütziger die Äußerung mit dem Kompliment *in honore vestro* formuliert ist, um so größer kann die Gewißheit des Schutzes sein. — **depulsus:** sc. *per me.* — **omnis — in me unum:** betont, daß er allein die treibende Kraft war (vgl. 3,14) und mit diesem gewaltigen Rachebedürfnis der Feinde automatisch (*depulsus — converterit*) zu rechnen hat. — **qua condicione:** abl. qual.; zur Sache vgl. zu 3,27 A *Sed . . .; qua* ist sehr emphatisch: ~ *ob ihr ein derartiges Verbrechen* (*omnis impetus in me unum*) *dulden wollt.* — **eos:** in dem Plural klingt als zusätzliches Bedenken an, daß sein Geschick ein Präzedenzfall sein könnte. — **posthac:** bezogen auf das, was im Relativsatz *qui se* . . . beschrieben ist: „*nachdem sie sich jeweils eingesetzt haben*"; m. a. W. nach Ablauf ihrer Amtstätigkeit; denn als Beamte sind sie ja immun; s. zu 3,14 *abdicasset.* Das Ende seiner Amtstätigkeit steht unmittelbar bevor; s.u. 3,29 zu *gessi.* — **ad vitae fructum:** der cursus honorum als Lebensinhalt des Römers. — **in honore vestro:** *Das Amt, das ihr verleiht,* hier das Konsulat, wie *neque — altius* besagt. — **in gloria virtutis:** die Aufdeckung und Niederwerfung der Verschwörung; vgl. zum Ausdruck z.B. 2,10 *o praeclaram laudem consulatus mei.*

29. **Gessi:** das Konsulat ist so gut wie beendet. — **invidia . . . valeat ad gloriam:** vgl. 1,29 *invidiam — gloriam — putarem;* hier ist der Gedanke noch um das paradoxe Gegenbild *invidia — laedat invidos* bereichert. — **denique . . .:** er will sich als Privatmann seiner Taten würdig erweisen. — **meminerim semper,**

quae gesserim: wird durch *curemque, ut — virtute* verdeutlicht. Die gute Leistung verpflichtet. — **non casu:** der Zufall spielte tatsächlich bei der Aufdeckung der Verschwörung eine große Rolle; gerade deshalb kehrt dieser Gedanke auch in anderen Werken mehrfach wieder. — **vos, Quirites, — discedite:** das Zeichen zur Beendigung der Versammlung. — **venerati:** keine Versammlung des Volkes oder Senates wurde ohne Gebet geschlossen. — **Iovem illum:** mit der deiktischen Gebärde, s.3,22. — **Quamquam — tamen . . .:** natürlich ein Widerspruch: einmal will er die Aufdeckung der Verschwörung und Verhaftung der Rädelsführer als praktische Beendigung der Gefahr herausstellen, zum anderen sich aber doch gegen Überraschungen sichern, bzw. die Bürger nicht sofort in Sorglosigkeit und Gleichgültigkeit entlassen, damit er in seinen weiteren Plänen (*providebo*), die die *perpetua pax* zum Ziele haben, an ihnen eine Stütze (4,14; 18f.) haben kann. Mit dieser in die Zukunft weisenden Geste entläßt er seine Hörer.

4

Am 5. Dezember 63 trat der Senat im Tempel der Concordia zur Beratung über das Schicksal der Verschwörer zusammen. Cicero erstattete Bericht über die Lage und stellte dann die Frage, was mit den Verhafteten geschehen solle. Als erster hatte der designierte Consul seine Meinung zu äußern: D. Silanus beantragte die „höchste Strafe“, worunter man allgemein die Todesstrafe verstand. Demgegenüber sprach sich der designierte Praetor Caesar unter Hinweis auf die Lex Sempronia vom Jahre 123, die die Todesstrafe eines römischen Bürgers ohne Genehmigung durch die Volksversammlung verbot, für lebenslängliche Haft aus. Darauf schlug der Praetor Ti. Claudius Nero (der Großvater des Kaisers Tiberius) Aufschub der Entscheidung bis nach dem Sieg über Catilina vor. Hier greift Cicero überraschend in die Umfrage ein. Er ist vor allem deshalb gegen einen derartigen Aufschub, weil die Unsicherheit, die aus diesem Antrag spricht, der Revolution neuen Auftrieb zu geben droht: Er wird jedoch jeden Auftrag des Senats ausführen. Auf die

Gefahr, die ihm als Vollstrecker des Urteilsspruches droht, soll keiner Rücksicht nehmen, sondern jeder nur an das Staatswohl denken (4,1-3).

1. **Video — video:** die erregte Anapher statt eines kausalen Konjunktionalsatzes; der erste Satz gibt die äußere Situation, der zweite den Grund der Spannung an. — **patres conscripti:** also eine Rede vor dem Senat. — **in me — conversos:** Die Redensart (s. E. Skard, Sallust und seine Vorgänger a. a. O. S. 95) mit dem allit. *ora atque oculos* betont den engen Kontakt zwischen Redner und Zuhörern. — **non solum — verum etiam:** hebt *de meo periculo* gewichtig heraus. — **sollicitos:** zeigt die Erregung im Senat, namentlich des Bruders und der engeren Freunde Ciceros, die ihn zu dem milderen Votum umstimmen wollten. — **si id — sit:** vgl. 3,29 *quamquam iam est peric. depulsum;* von Cic. vor dem Volk als Faktum hingestellt. Aber jetzt ist die Lage angesichts der Uneinheitlichkeit im Senat tatsächlich wieder unsicher; daher hier auch der coni. potentialis (*sit*). — **est mihi — sed:** lebhafte Antithese. — **grata in dolore:** steigert durch seine Sentimentalität das konventionellere *iucunda in malis.* — **vestra erga me vol.:** attributive Stellung. — **per deos imm.:** energisch weist er die wohlmeinende Unterstützung für seine eigene Person zurück. — **deponite — atque — cogitate:** zum Gedanken vgl. Lucas 23,28 „Weinet nicht über mich, sondern über euch und eure Kinder." — **mihi si haec condicio . . .:** vgl. 3,28; er fügt sich nicht nur in das schlimme Verhängnis, das über seiner Amtsführung lastet, sondern trägt alles sogar gern und tapfer unter einer Bedingung: *dum modo . . .;* hier ist der Gedanke viel allgemeiner gefaßt und weiter ausführt als 2,15; vgl. auch 2,3 *vitae periculo;* hier u. ö. zeigt sich, „wie stark bei Cicero das Moment der solidarischen Betroffenheit, der repräsentativen Sorge, des in Stellvertretung der Gesamtheit erlittenen Leides ist, wie sehr er dabei von sich selber abzusehen vermag." (Seel, Cicero 262). — **si —:** mit kausalem Sinn. — **data est.** vom Schicksal bzw. den *di immortales,* wie es 4,2 abgewandelt gesagt ist. — **omnes:** durch die Anapher noch verstärkt. — **acerbitates — dolores — cruciatus:** eine Klimax. — **perferre:** ~ *durchstehen.* — **ferre:** das aktive *Aufsichnehmen,*

durch *fortiter* und *libenter* präzisiert, = die zentrale röm. Tugend der patientia (vgl. V. Pöschl, Grundwerte röm. Staatsgesinnung ... Bln. 1940, 13f.); s. auch zu 4,3 *paratoque*. — **dignitas**: neben *salus* wegen *vobis*, da der Senat nicht nur an seine *salus* denken darf.

2. **Ego sum** —: Die detaillierte Descriptio der allgemeinen Äußerung *ut omnes* — *perferrem*, wobei in der Feststellung *ego sum* auch wieder das Unabänderliche, vom Schicksal Bestimmte den Senatoren (vgl. die Anrede), die solche Gefahren von ihm abwenden wollen, klar gemacht werden soll; diese Unerbittlichkeit drückt auch die Monotonie der Anapher *non* ... *non* ... aus. — **forum** —: die genannten Lokalitäten, deren Charakter noch jeweils durch eine Apposition dargelegt wird, stehen in paradoxem Gegensatz zu *mortis periculo*. — **in quo** —: *in dessen Bereich*. — **aequitas**: *Gerechtigkeit;* auf dem Forum befanden sich die verschiedenen Gerichtshöfe. — **campus** — **consecr.**: das Marsfeld, das für die Dauer der Abhaltung der Centuriatskomitien, deren wichtigste Aufgabe wiederum die Konsulswahlen waren (daher *cons. ausp.*), ein vom Profanen abgegrenzter Bezirk war. — **curia,** — **gentium**: der Senat, die oberste Behörde für die Völker (*gentes*) des Imp. Rom.; vgl. zu 1,9 *in hoc* — *consilio* und für *auxilium* zu 1,18 *vex. dirept. sociorum*. — **commune perfugium**: vgl. Cic. de domo 109 (*domus*) *perfugium est ita sanctum omnibus, ut inde abripi neminem fas sit*. — **lectus**: s. 1,9. — **mortis periculo**: durch *atque insidiis* ausgeweitet u. etwas abgeschwächt, stellt aber nicht grundsätzlich eine Übertreibung dar; denn „wer eine Rolle auf der polit. Bühne spielte, befand sich dauernd in Lebensgefahr". (Kroll, Kultur d. ciceron. Zeit, [2]1963, 218) — **ego ...**: Erdulden und Helfen war bisher seine Bestimmung (vgl. die Anapher) — **multa tacui**: man vermutet eine Anspielung auf die Hintermänner der Verschwörung (zu Crassus s. zu 4,10 *video*). — **multa pertuli**: vgl. 4,1 *perferre* u. zu *ferre*. — **concessi**: vgl. 2,27 *conivere*, hier nur viel ernster. — **sanavi**: wie oft z. B. 2,11; 17. 3,14. — **meo** — **timore**: Cic. trug als der pater patriae den Schmerz über den Zustand des Staates gewissermaßen allein (s. 4,1 *in dolore*). während (*in*) die anderen Bürger nur die ihnen selbst drohenden Gefahren zu fürchten hatten (vgl. bes. 1,7; auch 4,1 *de vobis ac*

— *liberis*). — **nunc** —: Von der allgemeinen Situation zum vorliegenden Fall. — **si hunc exitum:** Das Ende wird nicht anders sein können als die übrige Zeit. — **di imm. — voluerunt:** pathetischer als die herbe passiv. Ausdrucksweise 4, 1 *data est.* — **coniuges liberosque . . .:** vgl. 4, 12. — **virginesque Vest.:** wohl mit Anspielung auf den Verdacht, der einst C. getroffen (vgl. Sall. Cat. 15, 1); dadurch wird *vexatio* spezifisch bestimmt. — **delubra:** s. zu 3, 2. — **fortuna:** hier pejorativ, wie aus *quaecumque* u. *subeatur* erhellt. — **etenim:** begründet *subeatur*, was aber durch *cur* — *non laeter* in der lebhaften Frage zum Positiven abgewandelt wird. — **fatalis:** der ambivalente, vornehmlich aber pejorative Begriff (s. zu 3, 9 *fatalem*) wird hier, bei seiner pointierten positiven Verwendung, mit *prope* gemildert. Er ist Ausgangspunkt für die Konfrontierung Lentulus — Cicero.

3. **Quare . . .:** Weil Ciceros Schicksal Wille der Götter ist und seine Genugtuung in sich selbst hat (*laeter*), soll man auf ihn keine Rücksicht nehmen, wenn es um das Wohl des Vaterlandes geht. Diese Gebärde der Uneigennützigkeit (vgl. zu 3, 28 *quodsi*) soll die Senatoren für seine politischen Ziele um so aufgeschlossener machen. Der Gedanke *denkt an euch* in der Form einer sinnfälligen Disiunctio: — **consulite . . . prospicite . . . conservate . . . defendite:** eine lebhafte Klimax mit Voranstellung der Verben; nur das letzte Glied ist chiastisch gestellt und somit fallend gebaut. — **nomen:** ungefähr in dem Sinne wie 4, 1 *dignitas* gebraucht und ebenso mit *salus* verbunden; s. dag. zu 4, 4 *nomen.* — **mihi:** ohne Adversativkonjunktion scharf gegenübergestellt. — **mihi parcere ac de me cogitare desinite:** (*ac und überhaupt*) dag. begegnet in anderem Zusammenhang (4, 22 und 23 u. ö.) wiederholt seine Bitte um Schutz. — **nam primum debeo . . .:** begründet mit *primum* — *deinde* die paradoxe Aufforderung. — **pro eo — ac:** *im Verhältnis zu, entsprechend; ac* bisweilen auch nach *is* wie sonst nach Ausdrücken der Gleichheit. — **gratiam:** nicht etwa wegen einer beliebigen guten Tat, sondern weil es *ihre* Stadt ist (*praesident*), die er rettet (*do, ut des*). — **deinde . . .:** d. h. wenn die erste Möglichkeit, seine Hoffnung, sich nicht verwirklicht. — **si quid obtigerit:** vom Tod. „Ein starkes euphemistisches Zensurverbot liegt ferner auf den Bezeichnungen des Todes“. (Hof-

mann, Lat. Umgangsspr. Heidelberg, [2]1936, 145). — **paratoque:** weil der Ausdruck *aequo animo* zu alltäglich ist. Zur Verachtung von Tod und Schmerz s. U. Knoche, Magnitudo animi, Philol. Suppl. 27,3, 1935, 67/8 = Gymn. Beihefte H. 2, Heidelberg 1962, 82, 304. — **nam neque . . .:** er begründet seine Festigkeit mit einer popularphilosophischen Sentenz (vgl. dazu 4,7 *itaque eam . . .*), die um ein spezifisch römisches Moment erweitert ist: *consulari* (das Konsulat selbst neigt sich ja dem Ende zu); ein ähnlicher Gedanke, nur nicht so ernst und abgeklärt, findet sich 3,28 *mihi quidem ipsi . . .*; (*mors* ~ *vitae fructum*). — **nec tamen ego . . .:** aber diese Festigkeit ist keineswegs (Häufung der Negation) Gefühllosigkeit, wie im folgenden erwiesen wird. — **ille ferreus:** der seit Homer sprichwörtlich Gefühllose. — **nec — non:** die auf die Situation zugespitzte (s. *praesentis* u. *circumsessum*) Descriptio soll durch Nennung seiner Freunde und nächsten Angehörigen Rührung erzielen. — **frater:** Q. Cicero, der als praetor design. (Sueton, Caes. 14) dem Caesar zugestimmt haben soll. — **horumque omnium:** wird im Relativsatz genauer bestimmt: *circumsessum*, also seine Freunde, die ihn mit Tränen zu bestimmen suchen. — **domum . . .:** die Descriptio seiner Familie. — **neque . . . non . . . saepe:** eine nachdrückliche Litotes. — **revocat:** metaphorisch (*mentem*). — **exanimata:** *die um sein Leben bangt.* — **abiecta:** *verzweifelt;* die Tochter wurde nach 79 geboren. — **parvulus:** 2 Jahre alt; z. Zärtlichkeitscharakter des Deminutivs s. zu 1,13 *adulesc.* u. vgl. auch zu 4,17 *cubile ac lectulum*). — **quem . . .:** Kinder dienten als Unterpfand der Treue (*obsidem*). Der Relativsatz greift wieder das 4,2 E ausgeführte Motiv *meum cons. ad salutem pop. Rom.* auf. — **ille — gener:** C. Calpurnius Piso. — **qui . . . meo:** mit lebhafter Gebärde (der sperrende Relativsatz) auf den *gener* weisend, der vor den geöffneten Tempeltüren unter den Rittern steht. — **in eam partem:** *insofern.* — **omnes:** als Politiker muß er auch auf die Gesamtheit (Senat und Volk) schauen, worunter dann auch die Angehörigen fallen.

4. **Quare . . .:** Das Fazit seiner bisherigen Erwägungen. — **procella:** Das Bild vom Staatsschiff schwebt vor. — **non . . . non . . . non . . .:** die anaphorisch eingeführten Gegenbilder zu

ii, qui ... Es werden die geläufigen Beispiele für Revolutionäre und ihre Schicksale angeführt. Ti. Gracchus auch 1,3; 29. C. Gracchus 1,4; 29. 4,13. L. Saturninus 1,4; 29. In den *quod*-Sätzen werden wegen des Kontrastes zu den Verbrechen *dieser* Verschwörung nur die relativ ungefährlichen Pläne jener angeführt; s. zu 1,3 *mediocriter lab.* — **iterum trib. plebis ...**: er nennt nur die letzte ungesetzliche Maßnahme des Ti. Gracchus, die unmittelbar Anlaß zu seiner Ermordung war. — **quod agrarios concitare ...**: ganz allgemein als vorherrschendes Moment in der polit. Tätigkeit des C. Gracchus angeführt; *agrarii: die Anhänger der Bodenreform. concitare: aufwiegeln.* — **C. Memmium occidit**: s. zu 3,15 *occideret.* — **discrimen**: *gerichtl. Entscheidung.* — **atque**: klingt wie eine Korrektur des belanglosen *aliquod;* daher die respektvolle Personifizierung *vestrae sev.* Die *severitas* ist eine charakteristische Eigenschaft des Senats. — **tenentur ii, qui ...**: nicht etwa nur eine Variatio zum vorhergehenden *adducitur*, sondern als *damnati* (4,5 E) — **qui — restiterunt**: zu *Romae restare* s. 2,4. 2,17. 3,3. — **tenentur**: die Anapher verbindet Ungleichartiges: die Verbrecher und das gegen sie vorliegende Beweismaterial. — **litterae — confessio**: s. 3,13; eine anschauliche Distributio in der Form der Klimax. — **denique**: gewichtig. — **confessio**: die zu Protokoll gebracht wurde; insofern steht sie mit den übrigen Beweisstücken auf einer Stufe. — **sollicitantur ...**: der Inhalt der Unterlagen noch einmal kurz und lebhaft (im Präsens) rekapituliert. — **servitia excit.**: *s. ∼ servi:* rechtlich ist der Sklave eine Sache. — **nomen**: vgl. 4,7, im Gegensatz zum Volk selbst, nicht einmal sein Name; anders 4,3; s. zu *nomen.*

5. **detulerunt — confessi sunt — iudicavistis**: die ersten beiden Glieder des Trikolons resümieren, das letzte geht auf das Neue, das jetzt spezifiziert werden soll. — **multis — iudiciis**: das ist objektiv weniger als *ein* wirklicher Urteilsspruch. Mit Umsicht sind die Argumente gesucht, die dem Senat klarmachen sollen, daß dieser sich endgültig festgelegt hat (s. 3,14f.); aber auch Ciceros Ruhmsucht drängt sich wieder stark hervor. — **mihi ...**: s. 3,14 u. zu *diligentia* vgl. u. a. 1,7. 3,3; 7. — **et ...**: expliziert *sing. verbis.* — **coegistis**: faktisch, nicht recht-

lich; s. zu 3, 14 *abdicasset* u. zu 3, 15 *iudicio senatus;* also ist dies z.B. ein *iudicium* ausgesprochen nichtjuristischer Natur. — **custodiam:** s. zu 3, 14 *in custodiam.* — **de quibus iudicastis:** zur Bestimmung von *ceteros;* es läßt nachdrücklich den Begriff *iudicium* wieder einfließen. — **supplicationem:** s. 3, 15 — **togato:** s. 3, 15. — **hesterno die:** das war also in der Senatssitzung vom 4. 12. geschehen. — **praemia — amplissima:** worin sie bestanden, ist nicht gesagt; vgl. aber Sall. Catil. 30,6: *servo libertatem et sestertia centum, libero impunitatem* (vgl. 3, 8 *fidem publicam* für Titus Volturcius) . . . *et sestertia ducenta.* — **nominatim:** die bestimmten Gefangenen waren bestimmten Persönlichkeiten übergeben; s. Sall. Cat. 47, 4. — **sine ulla dubit.:** zur Bekräftigung (stärker als *profecto*), weil der Tatbestand in Wirklichkeit noch oder wieder unklar ist; vgl. auch *videantur.* — **damnati:** und zwar — was er nicht ausspricht — gemäß dem Antrag des Silanus (4, 7 *morte*) zum Tode, wie auch der Umstand der *custodia* nahelegt; s. zu 1, 19 *a carcere atque a vinculis.*

6. **Sed ego institui:** Daß ihn die Meinungsänderung im Senat dazu bringt, verschweigt er; andererseits bedarf es nach dem vorher Gesagten auch keines Hinweises, daß die Initiative nicht von ihm ausgeht. — **tamquam integrum:** = *tamquam non damnati essent.* So muß er sich zu einem neuen Durchgehen des Falles bequemen. — **de facto — de poena:** Ihre Aufgabe ist polar aufgegliedert: Die Beurteilung der Tat — die Zuerkennung der Strafe; *iudic.* u. *cens.* so auch schon 4, 5 verwendet. — **illa:** *nur das noch* — **praedicere:** ~ *praemittere;* dieses also noch vor dem *referre.* — **quae sunt cons.:** nämlich auf das Folgende zu achten: *statuendum vobis ante noctem est* u. *celeriter vobis vindicandum est.* — **furorem — quaedam — mala:** ~ das allg. Fluidum und einige auch noch recht vage (*quaedam*) Erscheinungen, die daraus hervorgehen. — **nova — mala:** ~ *res novae* (*Umsturz*); vgl. 3, 24f. — **iam pridem vid. — numquam putavi:** betont die unglaubliche Ungeheuerlichkeit (*hanc tantam, tam* . . .), wenn selbst ein Mann, der nicht blind war, so überrascht werden konnte; vgl. zu 3, 25 *post hom. mem.* — **in re publ. — a civibus:** eine einengende Steigerung; bei *in re publ.* konnte man auch an Sklavenaufstände denken. — **quidquid — quocumque:** soll seine objektive, unparteiische

Sachwalterschaft unterstreichen. — **ante noctem:** abgesehen davon, daß vor Sonnenuntergang ein Beschluß gefaßt werden mußte, wenn das Senatskonsult gültig sein sollte, auch wegen der Gefährlichkeit des Falles; s. u. *celeriter — vindicandum.* — **mentes — atque sententiae:** die allgemeine Haltung und die formulierte Ansicht. — **quantum facinus . . .:** *delatum* ist eine Einschränkung gegenüber den noch nicht offenkundigen Gefahren, denen er sich jetzt zuwendet. — **si — putatis — erratis:** Die Anrede deshalb, um ihnen die Täuschung, die in *latius opinione* unterstellt wird, eindringlich vorzuhalten. — **adfines:** *adfinis alicui = verwickelt in;* bei Cic. in ähnl. Kontext nicht selten. — **disseminatum:** s. zu 1,30 *stirps ac semen.* — **manavit . . .:** eine Descriptio des *latius — disseminatum;* in drei sich überbietenden Metaphern wird die unwiderstehliche Gewalt und Unheimlichkeit dieses Übels (*hoc malum*) dargestellt: *manare* = wie ein Element, Wasser u. ä.; *transcendere* = wie ein Lebewesen; *obscure serp.* = lautlos wie eine giftige Schlange; diese Klimax entspricht der geographischen Ausweitung *per Italiam, Alpes, multas — provinc.* Das letztere ist eine rhet. Verzeichnung; s. zu 1,3 *orbem terrae.* Gerade weil jeglicher Rückhalt in den Provinzen fehlte, hatte der Aufstand keine Erfolgsaussicht. — **sust. et prolat.:** Von den Synonymen ist das letztere das schlimmere, das die Gefahr nicht ernst nimmt. — **quacumque rat.:** stellt wieder seine Unparteilichkeit heraus und bereitet die Darlegung 7ff. (*duas — sententias . . .*) vor.

7. **Video duas — sententias . . .:** Die beiden Anträge werden knapp formuliert gegenübergestellt. — **D. Siliani:** Als design. Konsul war er zuerst um seine Meinung befragt worden. — **morte:** das entscheidende Wort. — **ceterorum:** stark adversativ (asyndetisch); der Ausdruck *ceterorum — omnes* (zur Sache s. u.) sehr gewichtig; er soll besagen, daß auch Cäsar sie für die größten Verbrecher hält und nur in diesem einen Punkte ein Unterschied in der Auffassung über die Zweckmäßigkeit des Vorgehens besteht. — **uterque . . . versatur:** eine sehr gewählte Redeweise. — **pro sua dignitate:** Caes. war 63 praetor design. — **in summa sev.:** auch Caesar insofern, als der Tod für ihn keine Strafe ist; s. u. — **alter:** D. Silanus; da er offensichtlich genauso wie Cicero argumentiert und leidenschaftlich

(*punctum temporis*) formuliert, ist es klar, welcher Ansicht Cicero zuneigt. — **qui . . . qui . . . qui . . .**: eine Klimax mit den starken Übertreibungen von 4,4 E, vgl. auch 4,11; 12. — **punctum**: *das Gestochene, der Stich, ~ Punkt, Sekunde* (*räuml. u. zeitl. die kleinste Einheit*). — **communi spiritu**: s. zu 1,15 A *potestne.* — **saepe**: eine große Übertreibung. — **recordatur . . . intellegit**: Während *recordatur* auf den *mos maiorum* zurückgreift (s. zu 1,28 *mosne mai.*), geht *intellegit* auf eine philos. Spekulation, die aber für Cicero und die Gebildeten seiner Zeit als unbestreitbare Tatsache gilt, so daß er mit *itaque* . . . von sich aus Argumente für die Richtigkeit dieser Anschauung anführen kann; sie schließt von den drei Möglichkeiten (*der Tod = etwas Schlimmes — etwas einfach Notwendiges — etwas Angenehmes*) die erste mit Gewißheit aus. — **supplicii causa**: s. dag. 1,33 *aetern. suppl.* u. 4,8 E. — **quietem**: das alte Bild *Tod = Schlaf* liegt dem zugrunde. — **itaque eam . . .**: s. zu 4,3 *nam neque;* bei *sapientes* denkt man natürlich sofort an Sokrates, aber die Litotes *numquam inviti* geht auf eine reiche Fülle von Beispielen. — **n. inviti**: die Gelassenheit des Weisen. — **fortes . . . libenter**: gemäß ihrem Temperament, dem θυμοειδές; viele Beispiele, gerade auch aus der römischen Geschichte, ließen sich anführen; s. zu 4,3 paratoque. — **oppetere**: *entgegengehen*, bes. *vom Tod*, so daß das Verb in der silb. Lat. auch ohne Obj. im spezifischen Sinn gebraucht werden kann. — **vincula vero . . . certe**: Dieser Form der Zustimmung durch Cicero (*certe*) ist zunächst nur indirekt Cäsars Vorschlag, der aber anschließend zitiert wird, zu entnehmen; Cic. stimmt Cäsar in der allgemeinen These zu, um dessen gute Absicht nicht in Zweifel zu ziehen, übt aber dann betreffs der prakt. Durchführung um so subtilere Kritik. — **singularem**: *einzigartig, besonders;* Gefängnisstrafe ist eine ungewöhnlich seltene Maßnahme (vgl. zu 1,19 *a carcere atque a vinculis*). — **municipiis . . .**: dat. bei *dispertire* (sc. *eos*) *aufteilen unter.* Der Antrag Cäsars wird jetzt in knappen Sätzen Punkt für Punkt vorgetragen, wobei sich aber an jeden Punkt eine ausführlichere erklärende Bemerkung Ciceros anschließt; vgl. dag. Sall. Cat. 51,43 (wo Cäsar selbst spricht; dieser Text scheint in der Ausdrucksweise u. Reihenfolge der authentischen Formulierung näher zu sein) *publicandas eorum pecunias, ipsos* *in vinculis habendos per municipia . . . , neu quis de iis postea ad senatum referat neve cum populo agat* . . . — **habere . . .**: die Kritik durch *videtur* in verbindlicher Form. — **ista res**: nicht verächtlich, aber distanziert. — **iniquitatem**: insofern, als die Munizipien (bes. seit Sullas Neuordnung) die Selbstverwaltung besaßen. Daß Rom sich praktisch auch in solchen Fragen durchsetzen konnte, geht aus der Formulierung selbst schon hervor. — **difficultatem . . .**: wird durch 4,8 *adiungit gravem poenam* . . . klarer. — **iniquit.** — **difficult.**: sehr knapp formuliert; das Verhältnis ist leicht adversativ: *aber auch wenn man bitten will, noch eine Schwierigkeit.* — **decernatur**: vom Magistrat — **placet**: vom Senat.

8. **Id quod**: seine loyale Haltung (*decernatur tamen*) gegenüber jedem denkbaren Senatsbeschluß. Aber in der Hervorhebung *salutis omnium causa* drückt sich doch die Hoffnung aus, daß er den Senat zu einem besseren Entschluß als dem eben kritisierten wird leiten können. — **recusare**: vgl. *spero* u. *dignitatis:* auch hier kann also der Magistrat nicht befehlen. — **adiungit . . .**: ein weiterer Punkt des Antrags in sachlicher Form. — **horribiles . . .**: asyndetisch folgt die emotionale Kommentierung: *horrib.* u. *dignas scel. hom. perd.* (dag. im Satz vorher *eorum*); die *custodiae* (*Sicherheitsmaßnahmen*), die in der Drohung *gravem poenam* bestehen. — **sancit**: t. t., wieder der Tenor der Amtssprache. — **quos condemnat**: brachylogisch: *die er so zu verurteilen beantragt.* — **aut per sen. aut per popul.**: bei Sallust stehen die t. t.: *ad sen. referre, cum populo agere.* — **eripit . . .**: ist wieder Ciceros emotionaler Kommentar. — **bona praeterea . . .**: schließt den Antrag; die Reihenfolge ist anders als bei Sallust wegen der folgenden Reflexion. — **vitam solam . . .**: dies ist wieder Ciceros Feststellung, die sich zu der Betrachtung *quam si eripuisset* . . . ausweitet; sie wiederholt in emotionaler Sprache die Anschauung vom Tod, mit der Cäsars Antrag (*alter intellegit* . . .) begann, und schließt diesen somit nach Art einer Ringkomposition. — **itaque** —: Der alte Glaube an die Jenseitsstrafen, der im direkten Gegensatz zu der hier geäußerten philosophischen Lehre vom Tode steht, wird zur klugen Erfindung gestempelt und als solche zur Stütze der „Wahrheit" herangezogen. — **aliqua . . . formido**: weil es eben im allg.

keine Gefängnisstrafe gab. — **eius modi quaedam ... suppl.:** wie Cäsar sie beantragt. — **impiis:** der allgemeinere Begriff *improbis* spezifisch gefärbt, wo es sich um die Bestrafung im Jenseits handelt. — **illi antiqui:** die „Erfinder" (vgl. *constituta esse voluerunt*) der Unterweltsstrafen in der Vorzeit. Seit der griech. Aufklärung galt die gesamte Religion als eine Erfindung, die durch das Mittel der Furcht Moral und Nutzen sichern sollte. Diese rationalistische Erklärung gehört zur allgemeinen Anschauung der Gebildeten (*quod videlicet intelleg.*). — **non esse mortem ipsam pertimesc.:** Was Sokrates vorgelebt, Epikur wie ein Rechenexempel demonstriert hatte, ist natürlich ein Paradox geblieben (vgl. aber U. Knoche, a. a. O. zu 4,3 *paratoque*) und als solches von Cäsar geschickt in die Debatte geworfen worden. Cicero greift das Argument ebenso geschickt hier in seinem Sinne auf, um herauszustellen, daß Cäsars Antrag für die Verbrecher der härtere ist (4,11 *Silani sent. — multo leniorem*), daß sein eigenes Motiv, wenn er von Cäsar abweicht, also nicht Rache (4,11 ff.) noch persönliche Interessen (4,9) sind, sondern allein die Sorge für die Sicherheit des Staates.

9. **Nunc ...:** Ciceros Stellungnahme zu den Anträgen unter dem Gesichtspunkt des Vorteils für ihn selbst und für den Staat. Die allgemeinen Ausführungen von 4,1-3 haben sich auf den vorliegenden Fall konzentriert. — **si — sin:** die beiden Möglichkeiten. — **hanc ... viam, quae popularis habetur:** in *habetur* liegt schon die Kritik, die unten (s. zu *vere popul.*) laut wird. — **fortasse minus — popul. impetus:** eine höfliche Floskel für etwas ziemlich Sicheres; aber Angriffe sind ihm wegen der Aufdeckung der Verschwörung von seiten der Popularen (hier das Wort ganz technisch) sowieso sicher. —**hoc auct. et cognit.:** abl. abs. mit kausalem Sinn; *cognitor* t. t. aus dem Zivilprozeß: *Verteidiger.* — **illam alteram ...:** betont. — **nescio an amplius ...:** wieder die urbane Floskel *vielleicht.* — **negotium:** *Beschäftigung, Unannehmlichkeit, Schwierigkeit.* — **mihi — contrahatur:** *s. contr. = sich zuziehen, sich herbeiführen.* — **rationes:** *Rücksicht.* — **habemus enim a Caes. ...:** denn er will Cäsar an Patriotismus (*perpetuae in r. p. voluntatis*) nicht nachstehen; eine geschickte Wendung, die sich auf Cäsars Gesinnung beruft, um seine Ansicht abzulehnen. — **sicut ... postulabat:**

sein Antrag entsprach seiner Persönlichkeit und ist somit Unterpfand der Unwandelbarkeit seiner Gesinnung (*perpetuae — voluntatis*) im Ggs. zur *levitas — contionatorum.* — **ipsius dignitas:** s. 4,7 — **amplitudo:** *Ansehen, Bedeutung.* Die Julier waren ein sehr altes Geschlecht, das allerdings erst im letzten Jahrhundert hohe Ämter bekleidete. — **obsidem:** das in der Prosa offensichtlich etwas kühne Bild durch *tamquam* gemildert. — **intellectum est:** pf. praes.; die Formulierung ist sehr knapp: es fehlt *wodurch* (sc. *durch diese sententia*) und bes. *von wem* (sc. *von allen*); dadurch erscheint es aber als eine unbezweifelbare Tatsache. — **quid . . .:** emphatisch in rhetorischer Frage: sie unterscheiden sich total. — **contionator:** pejorativ, wie aus dem Zusammenhang erhellt: ~ *Demagoge.* — **vere popularem:** wird gegenüber dem t. t. für den Parteimann, den Popularen, in der „Etymologie" definiert: *saluti populi* (d. h. des *gesamten* Volkes) *consulentem;* die Gegenüberstellung wahrer und falscher „Popularität" ist geläufig.

10. Wie sich im folgenden herausstellt, zielte die Gegenüberstellung *perpet. . . . volunt. — levitat. contionatorum* auf etwas ganz Bestimmtes. — **video . . .:** Das Verbum am Anfang lebhaft; die Litotes *non neminem* (= *nicht niemanden* = *manche, einige*) erhöht die Spannung; gemeint ist doch wohl nur *eine* Person, wie aus dem nachfolgenden *is* wahrscheinlich wird, nämlich M. Crassus. — **de istis, qui — volunt:** im Ggs. zu *vere popul.* — **videlicet:** ironisch zu *civium;* vgl. dag. unten *Caesar intellegit — civem esse nullo modo posse.* — **is . . .:** adversativ: *und doch . . .* — **nudius tertius:** *nunc dies tertius est* = *vorgestern:* am 3. 12. — **custodiam — maximis praemiis:** s. 4,5; vgl. auch Sall. Catil. 41,2, wonach *certa praemia* für die Allobroger von seiten des Magistrats in Aussicht gestellt worden waren. — **cives Romanos:** nachdrücklich wiederholt und daher ebenso ironisch wie im Satz vorher. — **iam . . .:** entgegen der Absicht *ne — sententiam ferat:* Aber so kann man sich nicht aus der Affäre ziehen; vor aller Welt (*nemini dubium*) hat er sich festgelegt. — **qui — decrerit, iudicarit:** Die Konsequenz wird durch das Homoioteleuton noch unterstrichen; *qui* = *wer* (*wenn einer*) ist wieder allgemein gesagt wie *non neminem.* Die drei Punkte werden wiederholt, teils präziser: *reo* (statt *civ. Rom.*), *quaesitori* (statt *mihi, d. Unter-*

suchungsrichter); viell. um zu unterstreichen: *worum es ging, war ganz klar;* so heißt es auch im folgenden *de tota re ac causa = Tatbestand und Rechtsfrage.* — **iudicarit**: im Ggs. zu dem verlangten *sententiam ferre,* vor dem er sich drückt; vgl. zu 4,6 *de facto — de poena.* — **at vero**: im Ggs. zu dem widersprüchlichen Verhalten dieses Mannes wird Cäsars Haltung als konsequent dargestellt. — **intellegit**: (weniger als *dicit,* mehr als *scit*) drückt aus, daß Cic. aus Cäsars Verhalten so schließt; daß er dabei heraushört, was ihm am besten paßt, verwundert nicht: für Cäs. ist es klar (*intellegit*), daß die lex Sempronia (= Porcia:) *ne de capite civium Romanorum iniussu populi iudicaretur* (Cic. Rab. perd. 12)) auf diese Verschwörer keine Anwendung finden kann, da sie keine Bürger mehr sind. Daher verwendet Cäsar als Argument gegen die Todesstrafe ausschließlich die philosophische Lehre 4,7 *mortem — non esse suppl. causa constitutam.* (Im Gegensatz zu Cic.' Darstellung versucht Cäsar bei Sallust (Cat. 51,40f.) vornehmlich mit dem Hinweis auf die lex Porcia die Todesstrafe von den Catilinariern abzuwenden; und das dürfte historisch richtig sein.) — **de civibus**: hierauf liegt der Ton. — **denique . . .**: illustriert an einem paradoxen Beispiel (*ipsum latorem;* vgl. 1,4) den durch den *mos maiorum* bestätigten Grundsatz *qui — sit hostis, eum civem esse nullo modo posse.* — **iniussu populi**: seine Zustimmung war nur bei Bürgern erforderlich. — **idem . . . non putat . . .**: die Anwendung auf den vorliegenden Fall; auch hier handelt es sich nicht um eine Äußerung Cäsars, sondern weiterhin um die Auslegung Ciceros; erst bei der sich anschließenden Folgerung (*itaque* . . .) befindet sich Cic. wieder im Bereich dessen, was Cäsar wirklich geäußert hatte; hieraus hatte er das Vorhergehende nur gefolgert. — **ipsum illum largitorem et prodigum**: ∼ *trotz seiner Verschwendung zum Vergnügen für das Volk.* Die Periphrase für den Praetor Lentulus (vgl. zu seiner Sonderstellung zu 3,10 *tum ostendi Lentulo*), der als solcher für die Spiele zuständig war, hat konzessiven Sinn: *ipsum — popularem;* auch hier wieder und noch einmal im folgenden Satz begegnet die kritische Beleuchtung des Begriffs *popularis* in seiner Entgegensetzung zu *populus Romanus.* — **tam acerbe, tam crudeliter**: s. Sall. Cat. 51,23 *acerbum aut nimis grave.* — **itaque . . .**: wiederholt den Antrag Cäsars (vgl. 7f.) unter namentlicher

Anführung des Lentulus (der als Beispiel für alle dient; s. zu 2,4 *Tongilium*), um Cäsars ungewöhnliche Strenge bei seiner sonstigen sprichwörtlichen Milde (*mitiss.* u. *leniss.*) zu erklären und sie gegen die verwerfliche Haltung der Popularen (*ne — se iactare et — popularis esse possit*) abzugrenzen. Die erregte Sprache findet z.B. auch in der Allit. des Explosivlautes *p* hörbaren Ausdruck: *in pernic. popul. R. posthac popul. — possit.* — **ut — egestas ac mendicitas:** eine derartige Motivierung fehlte 4,8 zum Punkte des Vermögenseinzuges; hier ist es sehr betont mit dem übrigen (*cruciatus* stärker als 4,8 *dolores*) zusammengefaßt.

11. **Quam ob rem** —: Diese ausführliche Darlegung von Cäsars unerhörter Härte ist sehr wichtig: so kann Cic. den zu erwartenden Vorwurf der Grausamkeit bei seiner Entscheidung für die Todesstrafe (s. o. 4,9 *sin illam alteram*) entkräften. — **sive — sive:** hebt die gespielte Gleichgültigkeit hervor, obgleich die zweite Möglichkeit, die nun im Senat nicht mehr überwiegt, hier mit *malueritis* deutlich den Vorzug erhält. — **comitem:** bildlich, insofern er sich auf Cäsar berufen kann. — **populo car. atque iuc.:** das Synonym betont seine Beliebtheit eben als Popular. — **me atque vos:** um sich nicht allein als verantwortlich hinzustellen. — **a crudelitatis vitup.:** Mit dem Schlagwort der Popularen gegen die Nobilität, das auch hinter Cäsars Antrag steht, muß sich Cic. bei seinem Vorgehen gegen C. immer wieder auseinandersetzen. „Aber vermag man nicht auch zu hören, wieviel Verteidigung gegenüber sich selber darin liegt? Wieviel Beschwichtigung eines nicht ganz mit sich im Einklang stehenden Herzens? Wieviel Sophistik, wieviel schiefer Blick, wieviel Lauern nach dem Effekt, wieviel Pose?" schreibt O. Seel, Cicero S. 99, und er verneint entschieden „die innere Legitimation" (S. 97) für sein hartes Vorgehen gegen die fünf hingerichteten Catilinarier, das seiner „humanen Eigenart", „seiner Natur völlig zuwiderläuft" (S. 99). — **atque — eam multo leniorem:** ist ebenso wie *facile* eine zweckoptimistische Übertreibung.— **Quamquam** —: *Jedoch* ist die Frage der Grausamkeit so überhaupt falsch gestellt. (Er konnte nämlich kaum ernstlich hoffen, daß er mit dieser seiner spitzfindigen Begründung für *multo leniorem* Eindruck machen würde.) Ein anderes Paradox kann die Situation besser klären: Härte gegen den

Feind ist in Wirklichkeit Mitleid mit seinem bedauernswerten Opfer. Dieser Gedanke wird (4, 11—13) mit Bildern, Reminiszenzen und Vergleichen sinnfällig durchgeführt, um die Leidenschaft seiner Zuhörer zu erregen und sie für den gewünschten Antrag zu gewinnen; daher zu Beginn die werbende Anrede. — **quae potest . . .**: vgl. die sehr ähnliche rhetorische Frage Cäsars bei Sall. Cat. 51, 17 bei der Ablehnung des Vorschlags des Silanus: *quid enim in tales homines crudele fieri potest?* — **nam ita — liceat**: eine der Situation angepaßte (*salva re publ.*) Erweiterung u. Variation des Beteuerungsschemas *ita vivam.* — **vehementior**: kaum *als Cäsar*, sondern *als ich selbst sonst;* der Kompar. hat also abschwächende Funktion; der Begriff *crudelis* ist wieder bewußt gemieden. — **atrocitate**: noch drastischer und anschaulicher als *crudelitas.* — **quis — mitior**: Das Motiv *lenitas* durchzieht alle vier Reden (vgl. 1, 4 *clement.*, 9 *nondum voce volnero* (hier tadelnd), 12 *lenius*, auch 2, 6; 27; 28. 3, 14 (vom Senat gesagt)), um sein vorsichtiges Vorgehen gegenüber Catil. und seinen Anhängern mit möglichst positiven Beweggründen zu erklären. — **quadam**: eben eine paradoxe *hum. et misericordia.* — **videor enim — videre**: die Verbindung *videor vid.* ist bei Cic. nicht selten in der lebhaften Figur der Repraesentatio, die Abwesendes, Vergangenes oder Zukünftiges als gegenwärtig vorstellt. — **hanc urbem . . .**: Zu den preisenden Metaphern für die Stadt *lucem . . . arcem* vgl. u. a. die Prädikationen 3, 1. — **cerno animo**: bildet mit dem vorhergehenden *videor — videre* und dem nachfolgenden *versatur mihi ante oculos . . .* eine Disiunctio. — **sepulta in patria — insepultos acervos**: kühne pathetische Verbindung von Metapher und Realität, mit dem sinnfälligen Wortspiel noch unterstrichen. — **versatur . . .**: eine Steigerung von der allgemeinen zur konkreten Situation mit Nennung der Person des Cethegus, der Anrede *vestra* und der ganz krassen Gegenüberstellung *in v. caede bacchantis.* — **furor**: s. zu 3, 16 *Ceth. furiosam temeritatem.*

12. **Cum — tum**: die Vision (= der Topos von der Eroberung einer Stadt) wird durch die Variation *Nebensatz — Hauptsatz* reicher gegliedert und gesteigert (*vero*) durch die Nennung der Namen bis zu Catilina hin; der Hauptsatz selbst verläßt mit *perhorresco* den Bereich der Imagination und leitet

zur Begründung seines Verhaltens (*et, quia* ...) über; zum Gedanken vgl. 1,4 *cupio — cupio.* — **regnantem** ...: s. 3,9, wo auch von *regnum* die Rede ist. — **purpuratum**: subst. *-tus, Purpurträger* (der makedon. und bes. oriental. Fürsten). Die Vorstellung der oriental. Despotie, die mit dem Stichwort *regnantem* gegeben war, wird hier vom Visuellen her verstärkt. — **tum — puerorum**: der Topos für die mitleiderregende Grausamkeit des Feindes: die Vergewaltigung; zum Topos vgl. Sall. Cat. 51,9. Zum letzten Glied (*ac — Vestalium*) vgl. zu 4,2 *virg. Vest.* — **misera atque miseranda**: fig. etymologica. — **severum vehementemque**: auch hier ist der Begriff *crudelitas* gemieden; was unter den Synonymen zu verstehen ist, wird im folgenden immer deutlicher. — **praebebo**: fut.: *jetzt und in Zukunft.* — **etenim quaero** ...: Einleitung des Enthymems, das vom *pater familias* auf den *pater* (bzw. die *patres ≙ nos*) *patriae* schließt. Es soll die Zuhörer zum eigenen Urteil anspornen. — **a servo ... de servo**: Die Wiederholung prägt ein: die Verschwörer sind keine Bürger mehr; gegen Sklaven war Folter u. jede Grausamkeit erlaubt (Kroll, Kultur d. ciceron. Zeit, ²224). — **supp. — quam acerb.**: trotz der Umschreibung ist das für jeden eindeutig (der von dem o.a. spitzfindigen philos. Paradox absieht). — **clemens — crudelissimus**: die negativen Begriffe affektisch im Superl. — **ferreus**: s. zu 4,3 *ille ferreus.* — **dolore — cruciatumque**: sinnfällig parallelisiert (das ius talionis: Auge um Auge, Zahn um Zahn). — **lenierit**: pf., um die unmittelbare Reaktion auszudrücken. — **sic nos in his h.**: das allgemeine Prinzip angewandt auf unsere Situation; *nos:* sc. *patres conscr.* — **qui — qui** ...: die Figur der Descriptio (für das 1. Glied *nos* gibt es in dem obigen Gleichnis keine Entsprechung). — **voluerunt**: dies der entscheidende Unterschied zum Gleichnis: der Plan mißglückte. — **singulas — domos**: ganz real. — **hoc — domicilium**: zur Metapher vgl. 3,1. — **id egerunt, ut** ...: eine plastische Ausführung des *delere conati;* das hyperbolische *in vestigiis*, das Ergebnis ihrer geplanten Zerstörung, wird durch *in cinere deflagr.*, das die Art der Vernichtung kennzeichnet, noch verstärkt; *imperii*, das *urbis* variiert, hat auch metaphorische Bedeutung (von der Zerstörung der Macht), wie aus dem phantastischen *gentem Allobr. — collocarent* noch deutlicher wird. Die Erwähnung der Gallier, die die Erinnerung an den Kelteneinfall wachruft, soll dartun: Wer mit dem Nationalfeind konspiriert, kann natürlich kein *civis* mehr sein; vgl. zu 3,9 *ad interitum.* — **si vehementissimi** (vgl. den Superl. oben *crudelissimus*) — **misericordes:** auf dieses Paradox läuft das Enthymem hinaus. — **sin . . .:** das Gegenbild, das mit *crudelitas* zu dem Beispiel des L. Cäsar (4,13) überleitet. — **remissiores:** absoluter Komparativ, nicht zum Superl. *vehement.* gehörig. — **summae — subeunda est:** eine sehr gewählte Ausdrucksweise (als Abschluß der Periode: *nobis — fama subeunda est* (∼ *habebimur*). — **summae — crudelitatis:** Mit diesem Ausdruck wird das Versagen gegenüber dem Vaterland belegt, während die scharfe Haltung gegen die Verschwörer wieder (s. o. zu *severum vehementemque*) durch *vehementissimi* gekennzeichnet wird.

13. **Nisi vero . . .:** meist ironisch, es folgt eine große Unwahrscheinlichkeit (s. zu 2,6 *nisi vero . . .*). — **L. Iulius Caesar:** Konsul 64, sein Großvater ist M. Fulvius Flaccus. — **vir fort. et amant. r.p.:** die Epitheta aus der ungewöhnlichen Situation (*sororis — audientem*). Da solches Verhalten bei vordergründiger Betrachtung auch als Grausamkeit ausgelegt werden kann, muß Cic. dessen wahre Motive betonen und den Begriff der Grausamkeit ironisch von ihm fernhalten. — **crudelior:** Komp. zu *summae crudel.* — **cum — cum:** das erste temporal, wie aus *nudius tertius* klar, das letzte ein dem Temporalsatz untergeordnetes *cum* coincidens: *vita priv. esse dixit;* was so dramatisch (*sor. — audientem*) vorbereitet ist und worauf alles hinzielte, scheint also gar nicht direkt, sondern nur indirekt geäußert zu sein: indem L. Cäsar die Strafen, von denen in diesem durch *cum*-conincidens eingeleiteten Satz die Rede ist, für rechtmäßig erklärte. — **avum suum:** s.o. — **iussu consulis:** L. Opimius war Konsul i.J. 121; der Hinweis auf den *mos maiorum* dient dazu, seine eigene Haltung zu legitimieren. — **filiumque . . .:** s. 1,4 *cum liberis;* der jüngere, 18jährige Sohn, war zu Beginn des Kampfes vom Vater als Unterhändler zu Opimius geschickt, dort festgenommen und später im Kerker hingerichtet worden. — **quorum — factum:** lebhafte knappe reth. Frage (= *quod factum eorum simile fuit horum coniuratorum*), in der folgenden fort-

gesetzt. — **largitionis voluntas:** (die lex agraria des Ti. u. bes. die lex frumentaria des C. Gracchus) dies und *quaedam contentio* sind die verharmlosenden Gegenbegriffe (s. zu 1,3 *mediocriter labefactantem statum r. p.*) zu *delendae r. p.* — **Atque ...:** mit adversativem Sinn. Das Schema von 4,13 ist also der paradoxe Chiasmus: Cäsar — positiv, sein Großvater — negativ; der Großvater des Lentulus — positiv, Lentulus und seine Anhänger — negativ; vgl. zu 3,10 *am. unice.* — **grave — volnus:** s. Cic. Phil. 8,14 *quo in proelio Lentulus grave volnus accepit.* — **hic:** adversativ (asyndet.). — **summa rei publ.:** vgl. dag. 3,13; hier ist *summa* Subst., passend zum Verbum *deminuere.* — **ad evertenda fundamenta — Gallos:** das bedeutungsvolle Motiv (s. 4,12) ist hier knapp wiederholt unter Betonung des aktiven Eingreifens. — **servitia concitat ...:** s. 4,4. — **nos — Cethego:** mit *nos* sind die Senatoren (Ggs. *ceteros cives;* vgl. 4,11 E *in vestra caede*), nicht Cic. allein gemeint (vgl. aber Sall. Cat. 43,2 *Cethegus Ciceronis ianuam obsideret eumque vi aggrederetur*); vgl. Cic. Sull. 53 *cum — Cassius incendiis, Cethegus caedi praeponeretur.* — **Gabinio:** s. zu 3,6 *horum ... machin.;* Sall. Cat. 43,2 *uti ... loca urbis incenderent.* Die Angaben über die Rollenverteilung variieren etwas. Es liegt nichts daran; es soll nur ein Bild großer Aktivität und sorgfältiger Planung entworfen werden. — **urbem — totam Italiam:** mit Ausnahme von C. waren die Verschwörer ja in der Stadt. — **vereamini, censeo:** heftig (asyndetisch), sarkastisch; zur Ausdrucksweise vgl. Sall. Cat. 52,26 *misereamini censeo.* — **tam immani ac nefando:** die starken Ausdrücke (der erste geht auf den Schrecken der Menschen, der zweite auf den Verstoß gegen die göttliche Ordnung; insofern steigernd) sind das Resümee der lebhaften Schilderung. — **aliquid:** emphatisch. — **videamini:** nicht einmal der Anschein irgendeiner Strenge bei irgend jemand, geschweige denn objektiv zu streng. — **multo magis est v.:** Abrupt erfolgt der Übergang zur ernsten Mahnung, die das Paradox als Abschluß dieser Erwägungen über die *crudelitas* ausführlich wiederholt. — **poenae:** welche Strafe, ist seit *vita privandum* (oben) klar; den Namen umgeht er natürlich um so lieber; s. u. *animadversionis* (noch neutraler, harmloser, euphemistischer). — **remissione — crudeles in patriam:** sinnfällige Wiederholung des Schlagwortes (s. 4,12 E) am Schluß dieser Argumentation, wobei die geläufige Bedeutung paradox ins Gegenteil verwandelt ist.

14. **Sed ...**: Ein neuer Abschnitt (4,14—19), der die Durchführbarkeit der Beschlüsse des Senats gegen die Stimmen der Senatoren, die auf eine Vertagung der Verhandlung drängen, mit Schwung verteidigt. — **dissimulare non p.**: die vorwurfsvolle gekränkte Haltung gegen eine subversive (*exaudiò*, ebenso *perveniunt ad aures*, das Präsens dramatisch für eine in diesen Tagen laut gewordene) Kritik. — **exaudire**: was sich *heraushören* läßt, sowohl aus der Ferne wie aus dem Stimmengewirr. — **iaciuntur — voces**: vage und anonym (vgl. *voces* (∼ *verba*), ebenso das Passiv). — **satis praesidii**: Cic. hatte Kapitol und Forum mit Wachen besetzt und durch die Prätoren das Volk für den Notfall zum Kriegsdienst vereidigen lassen. Die Bereitwilligkeit der Bürger war, wie die folgende Ausführung zeigt, überwältigend. — **ea, quae**: s. zu 4,8 *id, quod*. — **hod. die**: nachdrücklich; vgl. 4,6: *ante noctem* u. *celeriter*. — **omnia ...**: Der konjunktionslose Anschluß wirkt dramatisch; es fehlt etwa: Aber ihre Furcht ist unbegründet; denn ... — **summa — etiam maiore — voluntate**: ein übertreibendes Kompliment mit gewichtiger Sperrung von *maiore — voluntate*. — **ad — retinendum**: s. 4,12 *regnantem Lentulum*. — **communes fortunas**: Ggs. 4,16 *privatae fortunae*. — **voluntate**: Im Ggs. zum Konsul (*cura atque diligentia*, wozu die Verben *provisa — constituta* gehören) brauchte das Volk noch nicht einzugreifen; der Eindruck, den Ciceros eigene Entschlossenheit machte, genügte bisher. — **omnes adsunt**: Von der Behauptung zum Beweis: ein eindrucksvolles Bild (s. das Polyptoton *omnes — omnium — omnium* (im Satz davor *omnia*)) von der Kundgabe des Volkswillens; in dieser Demonstration liegt also die Stärke des Konsuls. — **ordinum — generum**: Während mit *ordo* die rechtlich eindeutigen, angesehenen Stände bezeichnet werden, ist *genus* entsprechend unscharf u. umfaßt (vornehmlich niedere) soziologische Gruppen, die diesen Ständen nicht angehören oder sich nicht nach ihnen gliedern; s. z. B. die 2,18ff. angeführten *genera*, auch 4,17 *genus hoc;* vgl. auch die Gliederung *ordines hominesque* (4,16 u. ä. 4,19). — **templa circum forum**: *circ. f.* ist attributiv (ohne *sita* o. ä.) durchaus geläufig. — **omnes adi-**

tus: die Türen sind also nicht geschlossen; vgl. zu 4,3 *qui — meo.* — **templi ac loci:** zur Floskel gewordene Verbindung des auf Genauigkeit bedachten Amtsstils. — **praeter eos, qui . . .:** nicht die eigentl. Verschwörer, die ja nicht mehr in Freiheit sind, wie auch das unbestimmte *hosce hom,* (4,15) zeigt. Wie umfangreich aber diese Kreise sind, erhellt aus 4,20 *permagnam* u. bes. 2,18ff.; vgl. auch O. Seel, Cicero 66ff. zum Nährboden der Verschwörung. Das stolze *causa — haec — sola, in qua omnes . . .* wird also beträchtlich eingeschränkt.

15. **hostium:** in der Erregung (vgl. *acerbiss.*) der Kreis der *host.* sehr weit gefaßt; vgl. 2,17 u. 2,27. — **ceteri vero . . .:** sehr lebhaft, wie die umgangssprachl. Interjektion zeigt (vgl. den Typus *di boni*). — **qua — virtute:** eine Klimax: *frequentia* (*nur die Zahl*) — *studio* (*die Einsatzbereitschaft*) — *virtute* (*~ für eine gute Sache*) — **salutem dignitatemque:** die beliebte enge Verbindung von Wohlfahrt und Würde, vgl. oben 4,14 *imperium — fortunas.* — **consentire — ad:** *in bezug auf, in der Frage.* Alle Stände bis herab zu den Sklaven können nur ihre Meinung bekunden, nicht durch aktives Eingreifen die Entscheidung des Senats stützen. Die Intensität der Stellungnahme nimmt ab entsprechend der Bedeutung der Klasse. — **ita — ut:** *nur insofern — daß, zwar — aber;* eine elegante Wendung, die das lange Zeit delikate Verhältnis zwischen den beiden Ständen in der Form eines Komplimentes für beide berührt und gleichzeitig Rückschau und Prognose für die zukünftige, durch seine Tat erwirkte Harmonie anschließen kann. — **de amore r. p.:** die Einsatzbereitschaft der Ritter (s. auch 1,21) hatte ihren Grund vor allem in den sozialrevolutionären Plänen der Verschwörung, die für die Kapitalisten bes. gefährlich waren. — **dissensione:** seit C. Gracchus, der, um die Stände zu verfeinden und bes. den Senat zu schwächen, 122 die Gerichtsbarkeit von dem Senat auf die Ritter übertragen hatte; die sullanische Reform hatte dem Senat die Rechtsprechung wieder zurückgegeben. Das Jahr 70 hatte die Neuordnung gebracht, daß die Gerichte sich jetzt zu je einem Drittel aus Senatoren, Rittern und Aerariern, dem dritten Stand, zusammensetzten. — **coniungit:** d.h. aus freiem Entschluß, bzw. gemeinsamem Interesse; in Wirklichkeit muß er dieses Interesse mehr dem Senat als gerade den Rittern vor

Augen führen. — **hodiernus dies:** eine abgeblaßte Metapher (~ *hodie*), die durch das epexeget. *haec causa* inhaltlich bestimmt wird. Ursprünglich galt der Tag selbst als der machtvolle Bringer der Ereignisse; vgl. H. Fränkel, Wege und Formen frühgriechischen Denkens, ²1960, bes. S. 6f. — **quam si . . .:** mit prophetischer Geste (*confirmo* . . .) und stolzer Genugtuung wegen seiner Verdienste (*in consulatu* — *meo*) um die concordia ordinum. Tatsächlich blieb der „spezifisch ciceronische Gedanke der *concordia* bis in den spätesten Ausklang der Antike lebendig" (O. Seel, Cicero 238). — **malum:** nicht einmal irgendein *m.;* vgl. dag. 3, 19 *bellum civ. ac dom.* — **pari studio . . .:** s. o. *de amore* — **trib. aer.:** s. o.; seit 70 der dritte Stand; urspr. mit der Eintreibung der Steuer und Auszahlung des Soldes betraut. — **fort. viros:** die floskelhafte Appos. deshalb, weil er von ihnen sonst nicht viel zu sagen weiß. — **scribas:** *die Schreiber* bildeten einen weiteren angesehenen *ordo;* sie wurden den jährlich gewählten Quästoren, Ädilen und Volkstribunen als eine Art Berufsbeamter zur eigentlichen Führung der Geschäfte durch das Los zugeteilt. Eine solche Auslosung fand an den Nonen des Dezember, dem Tag des Amtsantritts der Quästoren, für die bes. angesehenen und zahlreichen *scribae quaestorii* (*univers.* eine übertreibende Ungenauigkeit Ciceros) in dem neben dem Tempel der Concordia gelegenen aerarium statt (*quos frequentasset*). — **ab exspectatione** — **conversos:** sie warten ihre Wahl nicht ab, sondern wenden ihr ungeteiltes Interesse der Senatsversammlung zu.

16. **Omnis** — **multitudo:** abschließende Zusammenfassung aller *ingenui* im Ggs. zu den im folgenden behandelten *libertini* und *servi.* — **tenuissimorum:** eine euphemistische Umschreibung für die niedrigsten Gesellschaftsschichten. — **Haec templa . . . lux denique** — **ipsa:** eine Klimax von den konkreten Schöpfungen u. Errungenschaften der Bürger zu den schlichten, selbstverständlichen Voraussetzungen allen Lebens; die *elementare* Polarität (*lux* — *solum*) besitzt in ihrer Selbstverständlichkeit andrerseits auch die Erhabenheit des Göttlichursprünglichen. — **carum:** mit der Nuance des Pflichtgeschuldeten, zeigt Ethos. — **dulce atque iuc.:** zeigt als spontanes Gefühl Pathos. — **libert. hom. studia:** Zwar genossen die *lib.* damals noch nicht dieselben Freiheiten und Rechte wie die *ingenui,* bemühten sich vielmehr in ständigen Auseinander-

setzungen darum; aber zu beträchtlichem Vermögen hatten sie es vereinzelt doch schon gebracht. — Zum Topos „die Sklaven bzw. Freigelassenen besser als die Bürger" vgl. E. Skard, Sallust u. seine Vorgänger, Symb. Osl. Suppl. XV, 1956, 85 — **virtute fortunam**: die beiden Begriffe, die in der philos. Terminologie ausgesprochene Gegensätze darstellen, stehen im normalen Sprachgebrauch ganz unauffällig in engster Bezogenheit aufeinander: durch ihre Tüchtigkeit haben sie von ihren Herren das Glück der Freiheit und das Bürgerrecht erlangt, und ihr Geschick ist mit dem des Staates untrennbar verbunden. — **hanc**: Objekt. — **suam patr.**: Praedikatsnomen. — **quidam**: sehr emphatisch. — **et summo — loco**: nachdrückl. epexegetisch: = Senatorensöhne; vgl. zu 2, 26 *quamquam*. — **urbem host.**: das immer wiederkehrende Motiv, etwas abgewandelt. — **sed quid — commemoro**: die Transitio leitet zu den *servi* über. — **quos — quos**: die anaphorische Descriptio bezieht sich auf alle bisher genannten Gruppen insgesamt. — **privatae fortunae**: gilt namentlich auch für die Freigelassenen, unter denen es auch schon zur Zeit der ausgehenden Republik sehr vermögende Leute gab. — **priv. — comm. — libertas**: deutlich als Klimax gekennzeichnet. — **servus — nemo**: mit lebhafter Anastrophe; adjektiv. *nemo* ist nicht so selten. — **tolerabili condicione**: s. zu 1, 17 *relinquendam*. — **qui non — voluntatis**: ein sehr pathetisches Beispiel, aber doch phrasenhaft: es sind eben nur Gefühlsäußerungen, nicht konkrete Stellungnahmen, zu denen sie als Sklaven nicht fähig sind. Aber die Sklaven, deren Herren an der Verschwörung beteiligt waren, sind natürlich nicht einmal dazu in der Lage. (s. *quantum — potest*). — **audaciam civium**: in nachdrücklicher Spannung zum Subjekt *servus*.

17. **Quare si ... commovet ..., est ... coeptum**: brachyl.: ~ *so kann ich ihm sagen;* s. zu 2, 3 *emiserim, non est.* — **quem — forte**: etwas ironisch (kaum glaublich, daß sich ein ernsthafter Senator durch solche Gerüchte (*hoc, quod auditum est*) beeindrucken läßt). Die Floskel dient dazu, die Sache selbst, die er gar nicht übersehen konnte, nämlich den Versuch, die Massen zur Befreiung d. Gefangenen zu mobilisieren, zu berichten, wobei er den Mißerfolg aus der Mentalität dieser um-

worbenen Leute begründet. — **lenonem:** *Kuppler, Werber;* der Ausdruck sarkastisch; *quendam:* offensichtlich ist er nicht unbekannt. — **concursare:** das Intensivum bezeichnet sein hektisches Gebaren. — **tabernas:** *die Geschäftslokale* der Handwerker, die sich in den Häusern zu ebener Erde befanden, als Buden an den Häusern angebaut oder auf öffentlichen Plätzen unter den Kolonnaden errichtet waren. — **egentium atque imper.:** gehört sachlich sehr eng zusammen. — **est — quidem — sed:** mit Genugtuung wird die Begebenheit, die das Gerücht schildert (*auditum*), in Versuch und Mißlingen zerlegt. — **fortuna — perditi:** es handelt sich bei ihnen nicht (*nulli sunt inventi*) um Desperados (*fort. miseri*) oder Anarchisten (*vol. perd.*), die nach ihrem eigenen Ruin nicht fragen (s. *salvum*). — **qui non — qui non:** die anaphorisch eingeführte Polarität: Tag (Arbeit) — Nacht (Ruhe), mit *qui denique* zu *cursum vitae* zusammengefaßt. — **illum — locum:** anschauliche Periphrase für *taberna,* vom konkreten Gegenstand (*sellae*) zur Tätigkeit (*operis*) und zu ihrem Zweck (*quaestus*). — **cotidiani:** zeichnet die Stetigkeit ihrer Betätigung, ihr Leben von der Hand in den Mund (*s. cursum — vitae*). — **cubile ac lectulum:** *Schlafraum u. Bett,* das Deminutiv *lectulus* (dag. 1,9 *lectus*) ist gefühlsbetont (s. zu 4,3 *parvulus*); es malt hier das Milieu der kleinen Leute und ihre Zufriedenheit. — **otiosus:** d. h. abseits von dem politischen Geschehen; Ggs. zu *sollicitari.* — **velint:** nach dem pf. praes. *inventi.* — **Multo vero . . .:** eine bewußte Verharmlosung; s. u. zu *incensis* — **genus:** nicht *ordo;* s. zu 4,14 *ordinum — generum.* — **amant. est otii:** wie nach dieser beinahe idyllischen Zeichnung ihres Lebensglücks (*qui non — velint*) nicht anders zu erwarten; aber er gibt auch eine sachliche Begründung (*etenim* . . .) aus einer allg. (*omne, omnis*) ökonomischen Überlegung. — **instrumentum:** *Handwerkszeug,* meton. *Handwerk.* — **frequentia:** *der rege Verkehr.* — **quorum — fuit:** ein schlagkräftiges Enthymem; *quorum* geht auf das entferntere *eorum, qui in tabernis sunt,* nicht auf *civium.* — **occlusis tab.:** bei Aufläufen wurden die Geschäftslokale geschlossen. — **solet:** läßt darauf schließen, daß das nicht allzu selten der Fall war. — **incensis:** das ist, wie Sall. Cat. 48,2 zeigt (*incendium vero crudele, immoderatum ac sibi maxime calamitosum putabat, quippe* *cui omnes copiae in usu cottidiano et cultu corporis erant.*), das Stichwort für den Umschwung der Massen, die — was Cic. hier übergeht — anfangs mit C. sympathisierten.

18. **Quae cum ita sint . . .**: die Folgerung aus 4, 14ff.: eindringliche (vgl. die sinnfällige Beziehung *vobis — vos; popul. Rom. — popul. Rom.*) Ermahnung der Senatoren (vgl. die Anrede) zu kraftvollen Maßnahmen. — **deesse videamini**: höflicher und urbaner als etwa *desitis*. — **habetis . . .** bis zum Ende von 4, 18 ~ 4, 19 bis *providendum est.*: Es mag sich um eine Dublette handeln, die durch die Herausgabe der Reden im Jahre 60 zu erklären ist; vgl. H. Fuchs a.a.O. 463ff. Die Behandlung in § 18 ist dramatischer und spricht stärker das Gefühl an, die des § 19 ist reflektierter und sucht mehr die vernünftige Reaktion der Hörer auszulösen. — **ex plurimis peric. . . .**: vgl. 1, 15. — **ex media m.**: zur Sache s. 1, 9 E und 2, 12; — **vitam — salutem**: zur Sache vgl. 4, 1—3. — **reservatum**: durch die Fügung des Schicksals, welche Vorstellung in diesem Wort oft mitschwingt. — **mente — voce**: eine sinnfällige Klimax von der Gesinnung über eine irgendwie erkennbare Willenshaltung bis zur nicht überhörbaren Äußerung (*voce*). — **obsessa — commendat**: eine Personifikation der patria von starker Bildhaftigkeit (s. 1, 18 u. 27ff.); die patria redet nicht, sondern macht nur eine flehende Gebärde: *tendit* (verbunden mit *supplex*) ~ *hält entgegengestreckt.* — **facibus**: für den Brand natürlich; es wird aber auch unbewußt der Eindruck der Dunkelheit, die das Ganze noch viel schrecklicher macht, mit erweckt; s. 1, 1 *nocturnum.* — **vobis**: die Senatoren sind die einzigen, die wirklich helfen können. — **communis**: im Ggs. zu *vobis;* es expliziert den Gefühlsgehalt, der in *patria* liegt. — **commendat**: als Deutung der Gebärde. — **se**: der komplexe Begriff mit den wirksamen, konventionellen Vorstellungen (vgl. zu 1, 12 *templa* —) reich illustriert. — **arcem et Capitolium**: *Burg und Tempel*, eine geläufige Polarität für den mons Capitolinus. Die Feierlichkeit der polaren Ausdrucksweise wird, leicht variiert, beibehalten: *aras — ignem, templa — delubra, muros — tecta.* — **aras Penatium . . .**: sc. *publicorum*, die sich im Rundtempel der Vesta befanden, wo auch das ewige Feuer unterhalten wurde, das den Bestand des Staates garantierte. — **illum**: mit

pathet. Gebärde. — **urbis tecta:** vielleicht so betont, um sie als Eigentum des Vaterlandes darzutun, nicht als Eigentum von Privatleuten, worüber erst im folgenden gesprochen wird. — **praeterea:** neben dem Allgemeinwohl des Vaterlandes das zugkräftige Moment des persönlichen Wohlergehens, wobei auch dieses in emotionale, aber ebenso konventionelle Vorstellungen aufgegliedert wird. — **omnium:** sc. *vestrum*. — **de sedibus, de focis:** polar wie das vorhergehende *aras* — *ignem*. — **hodierno die — iudicandum est:** s. zu 4,6 *ante noctem*.

19. **Non semper:** Die Litotes betont die Gunst der Situation, den καιρός; vgl. auch das folgende *hod. die primum*. — **omnes ordines, omn. hom. ...:** polar, wie aus der Zusammenfassung *univ. popul. Rom.* hervorgeht. — **in civili causa:** einschränkend, im Ggs. zum Krieg. — **unum atque idem sent.:** vgl. 4, 14. — **cogitate ...:** die Verantwortung vor Roms Geschichte. — **quantis — delerit:** eine kontrahierende Redeweise für *quantis laboribus imp. fundatum sit, quod — una nox p. del.* — **laboribus:** Gründungsgeschichte und Gefährdungen der Frühzeit von der Geburt des Romulus an. — **libertatem:** 509 Einführung der Republik. — **virtute:** von der Tat des Brutus an. — **auctas exagg. fort.:** der Wohlstand einer späteren Zeit (*fortunas*). — **deorum benignitate:** als Entsprechung zu *laboribus* u. *virtute*, den Leistungen und Fähigkeiten der Menschen. — Die *fortunae* — das liegt schon im Begriff — unterliegen nicht dem menschlichen Willen, sie können nur mit dem Segen der Götter erworben werden. — **una nox:** wahrscheinliche die Nacht vom 2./3. 12., in der Volturcius und die Allobroger an der Mulvischen Brücke verhaftet worden waren. Dadurch wurde die Verschwörung als solche aufgedeckt; s. Cic. Flacc. 112. — **ne umquam posthac ...:** die eindringliche Verpflichtung für alle Zukunft; vgl. die Negationshäufung. — **non modo non:** auf diesen Negationspleonasmus führt die Überlieferung (vgl. dag. 1,25 *non modo*). Im allgemeinen meidet die rationale Gebildetensprache im Gegensatz zur Umgangssprache diese Pleonasmen; aber auch bei Cic. finden sich Ausnahmen (s. Löfstedt, Synt. 2, 1933, 214). Der Sinn ist mit oder ohne *non* derselbe. — **a civibus:** emphatisch nachgesetzt; beachte die Allit. *conf.* — *cog.* — *civ.* — **atque haec ...:** abschließend eine

Begründung für seine Rede, wobei der Wunsch der Vater des Gedankens ist. — **qui — praecurritis — mea vox — officio functa:** mit diesem Kompliment entschuldigt er sein Drängen und will dem Senat das Gefühl eigener Entschlußkraft einreden, die für ihn selbst eine Entlastung seiner Verantwortung bedeuten kann. — **paene praec.:** die Einschränkung kann er allerdings bei seiner kühnen Verdrehung nicht gut weglassen. — **praecurritis:** eine geläufige Metapher von der Rennbahn; vgl. Paulus, Kor. 1,9,24. — **videretur:** der geläufige Urbanismus: ~ *esset.*

20. **Nunc . . . de me pauca:** Ein neuer Abschnitt. Er wird wohl vollständig der Überarbeitung aus dem Jahre 60 angehören. — **de me:** die Folgen, die die Niederschlagung der Verschwörung für ihn hat: *invidia* und *gloria,* vgl. 3,26f. — **pauca:** wie um Nachsicht bittend *nur weniges;* dieser Abschnitt erstreckt sich aber bis 4,23. — **antequam ad sent. redeo:** zu dem Beschlußantrag leitet erst der Schluß der Rede 4,24 wieder hin. — **ego — inimic. multitudinem suscepisse video:** das *invidia*-Motiv bedeutungsschwer und selbstbewußt: er steht als einzelner (*fortis vir,* s. 4,3) der nichtswürdigen (*turpem*) Masse gegenüber — **permagnam:** in anderem Zusammenhang (4,14 *praeter eos, qui . . . soli*) sucht er den gegenteiligen Eindruck zu erwecken. — **videtis:** denn jetzt ist das offenkundig; vgl. dag. z.B. 2,3 *sed quam multos . . .* — **sed . . .:** dieser Einwand mindert zunächst den Eindruck seines Mutes, um so die folgende Steigerung zu ermöglichen. — **turpem — abiectam:** *ehrlos und schwach und verzweifelt.* — **quodsi . . .:** sehr gewichtig: seine Entscheidung (*suscepisse*) hat er nicht angesichts ihrer Schwäche, sondern im Hinblick auf jede irgend mögliche (*aliq. alicuius — concitata manus* eine emphatische Anspielung auf Clodius und seine Banden) Änderung der Machtverhältnisse getroffen (vgl. 3,28). — **manus ista:** von der ja nur wenige beseitigt werden sollen. — **plus — quam vestra ac r. p. dignitas:** sehr pessimistisch nach 4,15 *confirmo — nullum — malum — venturum* und 4,19 *non modo non confici, sed ne cogitari quidem.* — **me tamen . . .:** um so entschlossener. — **factorum atque cons.:** um das letztere handelt es sich hier besonders. — **numquam — paenitebit:** durch die sperrende Anrede mit großem Nachdruck: *niemals — werde ich bereuen.* Zur

Bedeutungsgeschichte von *non paenitet* vgl. E. Fraenkel, Horaz, Darmstadt 1963, 6 Anm. 5. Hier ist die Bed. *bereuen* freilich offenkundig. — **mors — omnibus**: s. zu 4,3 *paratoque*: diese Festigkeit rührt aus der philosophischen Reflexion des (stoischen) Weisen; vgl. 3,28, wo der Tod im selben Zusammenhang durch *pericul. omnibus* nur angedeutet ist. — **fortasse**: als schlimmste Möglichkeit überhaupt, und selbst dies wäre also kein besonderes Unglück (vgl. auch die epikureische Argumentation Cäsars 4,7). — **vitae**: tritt als Gegenbegriff zu *mors* automatisch (konjunktionslos adversativ) auf; vgl. 3,28. — **tantam —, quanta vos — honestastis, nemo**: die hyperbolische Ausdrucksweise mit einer Verbeugung vor dem Senat verbunden. — **ceteris — decrevistis**: vgl. 3,15, wo derselbe Gedanke im selben Zusammenhang vorliegt, nur daß hier von *gratulatio* seitens der Menschen, dort von *supplicatio* im Hinblick auf die Götter die Rede ist; vgl. auch 4,10, wo *suppl.* u. *gratulatio* angeführt werden, und 3,14 *gratiae verbis*.

21. **Sit . . .**: das erregende Motiv des Ruhmes (*tantam laudem*) verselbständigt sich in kühnem Vergleich mit den paradeigmata heroa, den größten Feldherren Roms in Vergangenheit und Gegenwart. — **ille, cuius . . .**: die Periphrase für den *Maior*, die den Grund seines Ruhmes anführt. — **clarus**: kein Superl.; in schlichter, unvergleichlicher Größe, der Name Hannibal besagt genug. — **consilio atque virtute**: *Plan und Ausführung*, wie Cic. es auch für sich in Anspruch nimmt (vgl. 4,20 *factorum atque consiliorum*): eines allein wäre nicht imstande gewesen, das Große zu erzwingen (*Hannibal — coactus*). — **Italia decedere**: i. J. 203. — **eximia laude**: variiert *clarus*, ohne dieses verblassen zu lassen. — **alter — Africanus**: *alter*, da der ältere Afr. durch *in Africam* als solcher gekennzeichnet war. — **duas urbes — infestissimas**: auch der Ansatz einer Periphrase, aber hier folgt die zurückgehaltene Nennung der Namen mit Nachdruck. — **Carth.**: 146. — **Numant**: 133. — **Paullus ille . . .**: die Periphrase variiert die vorhergehenden, indem sie nicht das entscheidende Ereignis selbst (Pydna 168), sondern sein sichtbares Ergebnis, den Triumph (*currum*), anführt. Liv. 45, 40,6 *Perseus . . . in catenis ante currum victoris ducis per urbem hostium ductus.* — **rex potent. — et nobil.**: Perseus von Makedonien bis zu seiner

Niederlage. — **quondam:** unbestimmte Zeitangabe, unterstreicht den ungeheuren Umschwung von *potent.* zu *currum honest.* — **Marius, qui bis —:** seine verdienstvollste Tat für das verängstigte Italien (*metu*, vgl. 3,24 *custodem huius urbis*), Aquae Sextiae 102 (Sieg über die Teutonen), Vercellae 101 (Sieg über die Cimbern). — **anteponatur omnibus:** ist nicht einfach „last not least“, sondern echter Ausdruck seiner außerordentlichen Bewunderung für den Zeitgenossen Cn. Pompeius; vgl. z.B. auch 3,26 *duos cives.* — **cuius res gestae:** Krieg gegen Sertorius in Spanien 77—71, Seeräuberkrieg 67, Krieg gegen Mithridates 66—63, von dem er erst 61 nach Rom zurückkehrte. — **atque virtutes:** die Taten sind Ergebnis und Ausdruck seiner Anlagen. — **isdem, quibus . . .:** eine elegante Wendung des alten Topos vom „grenzenlosen“ Ruhm (wie ihn z. B. Ennius frg. var. 21ff. dem Scipio in den Mund gelegt hat): hier stehen die Taten und Tugenden für den Ruhm, den sie im Gefolge haben. — **regionibus ac terminis:** die Synonyme haben Intensitätscharakter: *über die ganze Welt vom äußersten Osten bis zum äußersten Westen* (bei Pomp. insofern bes. reizvoll, als er im äußersten Osten (Mithridates) wie im äußersten Westen (Sertorius) erfolgreich gekämpft hatte) *und bis an den Himmel* (vgl. das homerische τοῦ μὲν κλέος οὐρανὸν ἵκει u. 3,26 die hyperbolische Redensart von den Grenzen des Reiches, die Pompeius gezogen hatte). — **erit profecto:** treuherzig, wegen der Kühnheit des Vergleichs. — **aliquid loci:** überraschend bescheiden, da er doch nach dem Schema der Konzessivperiode die Vorgenannten eigentlich überragen müßte; vgl. auch 4,20 *nemo — mihi uni.* — **nisi forte . . .:** stellt nun doch in eleganter Form fest, daß seine Leistungen ihn objektiv sogar gegenüber Pompeius (*patefacere — provincias*) als den Größeren erweisen; vgl. off. 1,78; dort läßt er Pompeius selbst äußern: *frustra se triumphum tertium deportaturum fuisse, nisi meo in rem publicam beneficio, ubi triumpharet, esset habiturus;* in Wirklichkeit war Pompeius' Reaktion auf solch fragwürdige Verherrlichung sehr frostig; vgl. z.B. Cic. fam. 5, 7, 3. — **patef. —, quo exire poss.:** als Gegenbild zu *quo — revertantur.*

22. **Quamquam . . .:** den Vergleich des vorhergehenden Satzes nach einer Seite hin berichtigend; vgl. zum Gedanken

3,27 *non eadem — condicio.* — **condicio — victoriae:** *die Stellung, die ein Sieg bringt.* — **hostes alienigenae:** dieser scheinbare Pleonasmus im Ggs. zu dem bekannten Schlagwort *ex numero civ. — hostes patriae.* — **aut — aut:** diese vereinfachende Alternative als Folie für seine Schwierigkeiten (*qui autem ...*) — **recepti:** sc. *in amicitiam,* woraus dann weitgehende Selbstverwaltung resultiert. — **beneficio — obligatos:** hier also die *amicitia;* diese *beneficia* schaffen das Treueverhältnis zwischen Rom und seinen Verbündeten, die Grundlage des Imperiums. — **dementia aliq. deprav.:** anders kann er sich das Ungeheure nicht erklären; s. 1,8; 1,25; 2,25 *amentia.* — **semel esse coep.:** emphatisch. — **cum:** iterativ; von der Gesetzmäßigkeit (also dem, was immer wieder so verläuft) im politischen Geschehen handelt die Stelle von 4,21 *nisi forte* an. — **nec vi — nec:** vgl. oben *aut — aut;* weder Zuckerbrot noch Peitsche hilft. — **beneficium:** kann jede Art von Förderung oder Vergünstigung sein. — **quare mihi:** die Anwendung des allgemeinen Gesetzes auf seinen Fall. — **cum perditis civibus:** variiert *hostes patriae.* — **aeternum bellum:** der Eindruck der Ausweglosigkeit, zumal Cic. allein steht: *mihi — susceptum;* der dat. auctoris steht einem dat. commodi nahe. — **video:** ~ *ich sehe voraus,* da es auf die Zukunft geht (vgl. *aeternum*); mit einer an Gewißheit grenzenden Wahrscheinlichkeit. — **id ego ...:** ein Umschwung der Stimmung: *facile propuls. posse confido;* vgl. 3,27 *quamquam, Quirites ...* — **bonorumque omnium:** wie sie 4,15ff. ausführlich besprochen waren. — **auxilio memoriaque:** der Grund seiner Zuversicht ist zunächst ihre aktive polit. Unterstützung; aber auch schon die weltweite Erinnerung an seine Verdienste wird ihm Schutz gewähren; vgl. zu 3,26 *mem. sempiternam.* — **qui servatus est:** vgl. u.a. 3,1 u. 4,2; das war für den popul. Roman. Grund genug zum Gedenken. — **sed — omnium gentium:** der gesamten Oikoumene, wegen der Größe des Ereignisses; vgl. zu 4,6 *manavit* —. — **sermonibus ac mentibus:** auch wenn sie nicht davon reden, werden sie es nicht vergessen, vgl. 3,26. — **quae — semper haerebit:** die Gewißheit seines Ruhmes; vgl. aber 4,23 zu *memoriam postulo.* — **atque a meis:** an denen sich seine Feinde natürlich auch rächen wollen; s. 4,23 *filium.* — **neque ...:** begründet *confido:* ein Zusammenbruch der *coniunctio*, auf die schon im vorhergehenden Satz mit *vestro bonorumque omn. aux.* hingewiesen war, ist unmöglich; hier wird noch ihre tragende Grundlage *vestram equitumque Rom.* vor den anderen Gruppen bes. erwähnt; vgl. 4, 15; was dort Bedingung war (*quam si* —), wird hier zuversichtliche Gewißheit (*profecto*); vgl. aber wieder zu 4,23 *quodsi* ... — **tantam:** wie 4, 15 ff. gezeigt hatte. — **conspiratio:** eine vox media, die von Cic. öfter in bonam als in malam partem verwendet wird. — **coniunct. — et — conspirat. — confringere et labefactare:** das Gegenstück zu *auxilio* — *propulsari*, nur daß hier die Bildkraft noch stärker ist: die Schlachtreihe, bzw. Mauer (s. 4,23 *muro*), die nicht durchbrochen und auch nicht (*et* steigernd) durch wiederholtes Anrennen (Intensivum) zum Wanken gebracht werden kann.

23. **Quae cum ita sint:** leitet die Peroratio ein, die mit einer pathetischen Periode beginnt. — **pro imperio:** Er hatte seinen Kollegen Antonius mit der Abtretung der Provinz Makedonien auf seine Seite gezogen. Auf die verbleibende konsularische Provinz der Gallia citerior hatte er verzichtet (*neglexi*), da sie als sehr unruhig galt und er wohl zu einer militärischen Aktion, die ihm nicht lag, gezwungen gewesen wäre. — **neglexi:** gehört ebenso zu den anderen beiden komplementären Begriffen; *provincia* faßt *imp.* — *exercit.* zusammen. — **pro triumpho:** vgl. fam. 15,4, 13 *et provinciam ornatam et spem non dubiam triumphi neglexi.* — **ceterisque — insign.:** s. zu 3,26 *nullum monumentum.* — **repudiata:** stärker als *neglexi*, mit der Angabe des Grundes. — **pro clientelis — provincialibus:** Angesehene Bürger und Beamte, bes. die Statthalter, werden von den Provinzen zu Patronen gewählt, die ihre Belange in Rom vertreten sollen. Dafür werden diese dann gewöhnlich mit dem Gastrecht der Gemeinden geehrt. „Die provinzialen Clientelen sind von höchstem Wert für den Ruf eines Politikers.“ (M. Gelzer, D. Nobilität d. röm. Republ. = Kl. Schr. 1, 1962, 100.) — **quae tamen:** obwohl er nicht in eine Provinz geht. — **urbanis opibus:** *durch meinen Einfluß in der Stadt.* — **minore labore:** abl. modi. — **tueor:** er denkt mit Stolz an seinen Prozeß gegen Verres im Jahre 70, den er als Anwalt der Provinz Sizilien geführt hatte, deren Patron und Gastfreund er als Quästor im

Jahre 75 geworden war. — **comparo:** das und überhaupt das Präsens (auch von *tueor*) ist eine begreifliche Verallgemeinerung, anscheindend ohne konkreten Bezug. — **pro meis . . . proque:** die Anapher setzt sich fort, obgleich die Bedeutung der Präposition sich ändert: *in Anbetracht* (vorher *anstelle von*). — **huius — consulatus:** *temporis* = der engere Zeitraum der Verschwörung, Nov./Dez.; *totius — cons.*, da es ja jetzt zu Ende ist. — **memoriam postulo:** vgl. 4,22, wo *haerebit* eben doch mehr bedingte Erwartung (= *wenn es mit rechten Dingen zugeht*) als unbedingte Gewißheit ausdrückt. — **dum:** temporal; er will es nicht zum Bedingungssatz abschwächen; s. dag. das folgende *quodsi* für den negativen Fall; vgl. zu 4,20 *quodsi.* — **muro saeptum:** das Bild, das auch 4,22 in *propulsari* und *confringere et labefactare* vorschwebte; es hält sich hier ganz im Defensiven. — **quodsi meam spem —:** All seinem forcierten Optimismus zum Trotz (4,22 *posse confido* und *profecto — reperietur* u. 4,23 im Satz davor *arbitrabor*) muß er auch ein negatives Ergebnis wenigstens ins Auge fassen. — **vis improborum:** s. 4,20 *manus — coniuratorum, quam — permagnam.* — **superaverit:** wohl intransitiv wie 3,24; zur Sache: etwa wenn die Verbindung (s. 4,22) nicht hält. — **parvum — filium:** s. zu 4,3 parvulus; der Hinweis auf die unmündigen Kinder ist ein von der Rhetorik besonders für Prozesse anempfohlenes Mittel, Mitleid zu wecken (vgl. z. B. Plat. apol. 34bf.). — **profecto:** hinter der zur Schau getragenen Zuversicht verbirgt sich die ernste Sorge. — **non solum ad salutem . . .:** nicht nur für sein Leben, sondern auch für seine polit. Karriere. — **eius, qui . . .:** Die Periphrase verweist auf den Grund seiner berechtigten Hoffnung. — **suo solius periculo:** klingt nach vaticinium ex eventu; vgl. z.B. 3,28 *in me unum* u. 4,2.

24. **Quapropter . . .:** da nur noch für ihn Gefahr besteht; vgl. 4,1 ff., bes. 4,3. — **de — de . . .:** mit der Anapher wird der letzte Begriff der Reihe (*de univ. re publ.*) durch die Figur der Distributio in seine (emotional ansprechenden) Teile gegliedert; diese sind wiederum polar gegliedert und teilweise formelhaft: *vestra populique Rom.* (vgl. *sen. populusque Rom.*), *coniug. ac lib.*, *aris ac focis* (= die zentralen Stellen im Hause, *ara* hier auch vom Hausaltar), *fan. atque temp.* (vgl. 3,2 *templis, delubris*), *tectis ac sed.*

(meton. für *Haus*). — **imp. ac lib.:** die polaren Wesenszüge des Staates; zu *imp.* s. 4,12 u. 14. — **decernite** — **ut inst.:** die Aufforderung mit der Parenthese: die Rede, die die Abstimmung unterbrochen hatte, ist beendet. — **ac fortiter:** pointiert nachgesetzt; was darunter zu verstehen ist, kann jetzt nicht mehr zweifelhaft sein; s. zu 4,13 *poenae.* — **eum consulem, qui:** mit der pathetischen Periphrase seiner Person schließend. — **parere:** das neutrale *parere* bekommt durch *non dubitet* (d.h. auch wenn es gefährlich ist) seinen spezifischen Sinn; noch deutlicher ist allerdings wieder *defendere* u. *per se ipsum praestare* (vgl. 4,23 *suo solius periculo* u. 4,9 *meorum periculorum rationes*). — **quoad vivet:** diese in die Zukunft weisende Gebärde ist viel pathetischer als 3,29 *privatus tuear.*

Erklärung rhetorischer Fachausdrücke

(unter Benutzung von H. Lausberg, Elemente der literarischen Rhetorik: München 1949, ²1963)

Adnominatio: (gr. Paronomasie) Wortspiel zweier klangähnlicher, aber bedeutungsverschiedener Wörter — non tam hoc *queruntur* quam *verentur* (2,16).

Affectus: (gr. Pathos) ~ Erregung. — Affektsprache: s. Intellektualsprache.

Anadiplosis: (bzw. Epanadiplosis) Verdopplung. Ein Spezialfall der Epanalepsis. Wiederholung des letzten Wortes eines Satzes zu Beginn des folgenden — hic tamen *vivit. vivit?* (1,2).

Anapher: Wiederholung des gleichen Wortes oder der gleichen Wortgruppe jeweils am Anfang mehrerer aufeinanderfolgender Sätze oder Satzglieder — *nihilne* te nocturnum praesidium Palatii, *nihil* urbis vigiliae, *nihil* timor populi, *nihil* ... (1,1).

Anastrophe: Umkehrung der normalen Wortstellung — summo nati loco (4,16).

Antiklimax: (s. Klimax) — vel eiecimus vel emisimus vel — prosecuti sumus (2,1).

Antonomasie: Ersatz eines Eigennamens durch eine Umschreibung 1,5 *in Etruriae faucibus* umschreibt den Ort Faesulae

ἀπὸ κοινοῦ: Setzung des zwei Satzgliedern gemeinsamen untergeordneten Satzteils bei nur einem Glied — coloni *omnes* municipesque *vestri* (2,26).

Asyndeton: Unterdrückung einer Kopula zwischen koordinierten Satzteilen — Fuisti ..., distribuisti ..., statuisti ..., delegisti ..., discripsisti ..., confirmasti ..., dixisti ... (1,9).

Brachylogie: Verkürzte Ausdrucksweise — erant autem sine nomine, sed ita: (3,12).

Captatio benevolentiae: ~ Kompliment, um den, dem es gemacht wird, für sich einzunehmen — Neque ego ... ornamenta ... vestra cum illius latronis inopia atque egestate conferre debeo (2,24).

Chiasmus: Überkreuzstellung (nach Art eines X) syntaktisch entsprechender Satzlieder — quod urbem incendiis, caede cives, ... liberassem. (3,15).

Commoratio: Wiederholung des gleichen Gedankens in abgewandelter Formulierung (vgl. auch Descriptio) — Quo usque ...? quam diu ...? quem ad finem ...? (1,1).

Correctio: Berichtigung eines ungeeigneten Ausdrucks durch einen treffenderen, oft in der Form der Anadiplosis (s. d.) — vivit. vivit? ... venit ... designat (1,2).

Descriptio: Schilderung eines Gesamtvorganges durch Aufzählung der sinnfälligen Einzelheiten (vgl. Distributio) — patefeci cetera; quid ... egisset, quid ... constituisset, quem ad modum esset ... descripta (2,13).

Disiunctio: Aufgliederung eines mehreren Subjekten bzw. Objekten gemeinsamen Prädikates in Synonyme, um Isokola herzustellen — hic tu qua laetitia perfruere, quibus gaudiis exsultabis, quanta in voluptate bacchabere, ... (1,26).

Distinctio: Spiel mit den verschiedenen Bedeutungen oder Verwendungsarten eines Wortes (vgl. Paronomasie) — ..., ut invidiam virtute partam gloriam, non invidiam putarem. (1,29).

Distributio: Zerlegung eines Gesamtbegriffs in seine Teile — templa deorum immortalium, tecta urbis, vitam omnium civium, Italiam totam ... (1,12).

Dubitatio: Frage des Redners an seine Zuhörer betreffs des Verlaufs seiner Rede — cur tam diu de uno hoste loquimur? — de his ... nihil dicimus? (2,17).

Ellipse: Auslassung eines Wortes (öfters des Sagens) im Satz, wobei der Sinn auch so verständlich ist. — Ac ne longum sit, Quirites, tabellas proferri iussimus (3,10).

Emphase: Nachdrückliche Hervorhebung eines Wortes (oder Begriffes), wodurch dieses oft auch einen besonderen prägnanten (s. Prägnanz) Sinn erhält — o tempora (sc. mala), o mores (sc. pessimos) (1,2).

Enthymem: Argumentum a minore ad maius: *Wenn schon jenes —, wieviel mehr dieses.* — Servi ... mei ... si me ... metuerent, ut te metuunt omnes cives tui, domum meam relinquendam putarem; tu tibi urbem non arbitraris? (1,17).

Epanalepse: (= Geminatio) Wiederholung eines Wortes oder einer Wortgruppe am Satzanfang — hic, hic sunt in nostro numero, ... (1,9).

Epexegese: Nachträgliche Erklärung eines Begriffes oder Satzes — mors ac (= *und zwar*) rei publicae poena (1,4).

Euphemismus: Vermeidung anstößiger Wörter — si *quid* obtigerit (4,3).

Ethopoiie: (= Sermocinatio) Charakterisierung einer Person durch die ihr in den Mund gelegten Äußerungen; z. B. Rede der verängstigten patria 1,18.

Geminatio: s. Epanalepse.

Hendiadyoin: Parataktische Zerlegung eines Begriffskomplexes — complures eiusdem amentiae scelerisque socios (1,8)

Homoioteleuton: Gleichklang am Ende von gleichgebauten Kola — ... pertimuerit, sententiam mutaverit, deseruerit suos, consilium ... abiecerit et ... converterit, ... (2,14).

Hyperbaton: (s. Sperrung).

Hyperbel: Übertreibung — bellum ... post hominum memoriam crudelissimum et maximum (2,28).

Intellektualsprache: „Einen aus logischen und intellektuellen Elementen aufgebauten ... ohne Mitschwingen von Stimmungsmomenten ... gesprochenen Satz nennen wir Intellektualsatz, einen ... aus Trägern affektischer Inhalte bestehenden, mit affektischer Betonung gesprochenen Satz Affektsatz". I. B. Hofmann, Lat. Umgangssprache[2] Heidelberg 1936 S. 5.

Interrogatio: Aussage in Frageform (sog. rhetorische Frage, s. d.).

Isokolon: Gleichmäßiger Bau von koordinierten Satzgliedern — sed nulli sunt inventi tam aut fortuna miseri aut voluntate perditi ... (4, 17).

Kakophonie: Mißklang, etwa durch Häufung gleicher Endungen (z. B. -orum, -orum, -orum) hervorgerufen.

Klimax: Steigerung synonymer Ausdrücke — abiit, excessit, evasit, erupit. (2, 1).
Die umgekehrte Bewegung = Antiklimax; s. d.

Kolon: Satzabschnitt, der eine Sinneinheit darstellt.

Litotes: Umschreibung eines Begriffes durch den negierten gegenteiligen Ausdruck — cupio ... me non dissolutum videri. (1, 4).

Metapher: Übertragung eines Wortes aus seinem eigentlichen Bedeutungsbereich in einen anderen — florem ... ac robur (2, 24).

Metonymie: Ersetzung eines Begriffs durch einen mit ihm zusammengehörenden — quod ei ferrum (= gladium) e manibus extorsimus (2, 2).

Occupatio: Vorwegnahme und Wiederlegung der Gründe des Gegners — M. Tulli, quid agis? tune eum ... (1, 27).

Oxymoron: Enge Verbindung einander widersprechender Begriffe zu einer Einheit — tacita loquitur. (1, 18).

Paronomasie: s. Adnominatio.

Percontatio: Monologischer Dialog mit Frage und Antwort — quid vero? ut homines Galli ... (3, 22).

Periphrase: Umschreibung des Sinnes eines Satzes durch Wiedergabe äußerer Merkmale, eines Wortes durch mehrere Wörter — illum, qui hanc urbem condidit, (= Romulum) (3, 2).

Polyptoton: Wiederholung eines Wortes in verschiedenen Flexionsformen — Nullum iam aliquot annis facinus exstitit nisi per te, nullum flagitium sine te; tibi uni .., tibi ...; tu ... (1, 18).

Polarität: Zerlegung eines Ganzen in seine zwei entgegengesetzten Teile — in venis atque in visceribus (= in corpore) (1, 31).

Prägnanz: Verwendung eines weiteren Ausdrucks anstatt einer eigentlich erforderlichen engeren, sprachlich längeren Bezeichnung — cura, ut vir sis ... (3, 12), vgl. deutsch „Sei ein Mann“ (sc. tapferer oder aufrichtiger).

Praeteritio: Der Redner gibt an, eine Sache zu übergehen, um zu Wichtigerem zu kommen, und erwähnt sie eben dadurch — Ac iam illa omitto — neque ...: quotiens tu me designatum, quotiens vero consulem interficere conatus es! (1, 15).

Prosopopoiie: Einführung lebloser oder abstrakter Dinge als sprechende Personen — Quae (patria) tecum, Catilina, sic agit et quodam modo tacita loquitur. (1, 18).

Repetitio: Wiederholung des gleichen Gedankens in anderem sprachlichen Ausdruck (vgl. Commoratio).

Repraesentatio: Behandlung vergangener oder zukünftiger Vorgänge als gegenwärtig, örtlich entlegener Dinge als anwesend — videor enim mihi videre hanc urbem, lucem orbis terrarum ..., subito uno incendio concidentem; cerno animo sepulta in patria miseros ... (4, 11).

Rhetorische Frage: In die Form einer Frage gekleideter Aussagesatz, auf die aber keine Antwort erwartet wird — quid enim mali aut sceleris fingi aut cogitari potest, quod non ille conceperit? (2, 7).

Sermocinatio: = Ethopoiie; s. d.

Sperrung: (= Hyperbaton) Trennung syntaktisch zusammengehöriger Wörter — Fuit, fuit ista quondam in hac re publica virtus, ... (1, 3).

Synonymie: Häufung synonymer (= bedeutungsgleicher) Wörter zur Verstärkung des Ausdrucks — non feram, non patiar, non sinam. (1, 10).

Trikolon: Dreigliedrigkeit des Ausdrucks, die ursprünglich auf sakralem Brauch beruht und u. a. von der Rhetorik als wirkungsvoll übernommen wird — de te autem, Catilina, cum quiescunt, probant; cum patiuntur, decernunt; cum tacent, clamant. (1, 21).

Variatio: Lockere Form der Anapher, bei der auch Synonyme an die Stelle des zu wiederholenden Wortes treten können — Ad *mortem* te, Catilina, duci iussu consulis iam pridem oportebat, in te conferri *pestem*, ... (1, 2).

Zeugma: Beziehung eines syntaktisch übergeordneten Verbs auf mehrere einander syntaktisch gleichgeordnete Substantive, wobei das Verb nur zu einem dieser Substantive paßt — omnis hic locus acervis corporum et civium sanguine redundavit (3, 24).